W0182336

Schiffahrt und Kunst aus Portugal

Schiffahrts-Verlag HANSA · Hamburg

art maritim 1996

hanseboot

37. Internationale Bootsausstellung Hamburg

26. Okt. – 3. Nov. 1996 · 10–18 Uhr · Mi. 10–20 Uhr

mit art maritim / hanseboot-Hafen

Hamburg Messe

Abbildung auf dem Umschlag

Schulschiff „Sagres II“ in der Meerenge von Formosa
Roger Chapelet
Marinemuseum, Lissabon

Die Deutsche Bibliothek - CIP Einheitsaufnahme

Schiffahrt und Kunst aus Portugal
(Art Maritim 1996; Hanseboot, 37. Internationale Bootsausstellung, Hamburg, 26. Oktober bis 3. November 1996
Hrsg.: Hamburg Messe und Congress GmbH
Redaktion des Kataloges: Russalka Nikolov)
Hamburg: Schiffahrts-Verlag HANSA, 1996

ISBN 3-87700-100-9

NE: Nikolov, Russalka (Hrsg.); Art Maritim <12, 1996, Hamburg>;

Hanseboot <37, 1996, Hamburg>

ISBN 3-87700-100-9
Herausgeber: Hamburg Messe und Congress GmbH

Redaktion des Kataloges: Russalka Nikolov
Umschlaggestaltung und Layout: Art & Work Rainer Ullrich und Günter Ullrich
Lithographie: dahmer & dörner, reprotechnik gmbh, Hamburg
Druck: K.O.Storck & Co. Verlag und Druckerei GmbH, Hamburg
Verlag: Schiffahrts-Verlag HANSA, Hamburg

Inhaltsverzeichnis

Grußwort

Die glorreiche Geschichte Portugals ist auch - vielleicht sogar vor allem - eine maritim geprägte Geschichte. Es ist die Geschichte von kühnen Seefahrern und Entdeckern, die Geschichte von Nautik, Geographie und Schiffahrt. Große Namen sind damit verbunden. Vasco da Gama, Bartolomeu Diaz, Pedro Alveres Cabral begründeten Portugals Ruf als maritime Weltmacht - mit einer Blütezeit im 15. und 16. Jahrhundert.

Bei einem Land, das so stark auf das Meer gerichtet war - und ja immer noch ist - spielt Wasser auch in der Kunst naheliegenderweise eine herausgehobene Rolle: Meer, Schiffe, Seefahrer sind häufig wiederkehrende Motive.

Seefahrt und Handel haben Portugal Wohlstand beschert. Parallelen zu Hamburg sind unübersehbar, denn auch der Erfolg unserer Stadt beruht auf maritimer Ausrichtung. Vielleicht erklärt die gemeinsame Affinität zum Meer auch, warum es gerade in Hamburg eine bedeutende portugiesische Kolonie gibt. Schon im Stadtbild ist das nicht zu übersehen: Die Zahl portugiesischer Spezialitäten-Restaurants ist beachtlich; Rolf Italiander hat einmal behauptet, es müsse in Hamburg wohl mehr portugiesische Restaurants geben als im restlichen Deutschland zusammengenommen.

Dieser Beweis steht zwar noch aus, aber sicher ist, daß es eine lohnenswerte Angelegenheit ist, in Hamburg die kulinarischen Genüsse der portugiesischen Küche zu entdecken. Wäre das nicht auch eine gelungene Fortsetzung nach einem Rundgang auf der Portugal-geprägten *art maritim*? Meine Empfehlung: Lassen Sie sich beim einen wie beim anderen Fall auf jeden Fall von sprichwörtlicher portugiesischer Entdeckungsfreude leiten!

Dr. Henning Voscherau
Erster Bürgermeister der
Freien und Hansestadt Hamburg

Vorwort

Die europäische Völkerverständigung setzt Völkerverständnis voraus. Die *art maritim* trägt dazu auf konkrete Weise bei. Wodurch Portugal geographisch und historisch vor allen anderen Nationen des Kontinents ausgezeichnet ist, läßt sich mit einem Blick auf die Europakarte begreifen: Kein Staat sonst liegt so direkt in Front zum Ozean. Portugal war das natürliche Absprungbrett zur Erkundung fremder Meere und der Entdeckung fremder Länder. Nicht zufällig ist die erste in der geopolitischen Weltgeschichte herausragende Gestalt ein Portugiese mit dem ehrenden Beinamen „der Seefahrer". Mit dem geographischen Wissen, das er seinen Kapitänen vermittelte und neuem navigatorischen Rüstzeug, das er ihnen in die Hand gab, war Heinrich der Seefahrer (1394 - 1460) der Stratege der ersten planmäßigen Entdeckungsfahrten. Seine Schiffe, die ersten, die über den Äquator hinaus vorstießen, öffneten die Tore zu unbekannten, bislang vom Aberglauben verriegelten Fernen. Heinrich der Seefahrer hatte seine Residenz auf dem Felsen von Kap Sagres; und noch heute kann jeder, der von Sagres aus, am äußersten Westpunkt Europas, in die Weite des Atlantiks blickt, sich kaum des starken Gefühls entziehen, mit dem bewegenden Geist der Menschheitsgeschichte konfrontiert zu sein. Nüchtern betrachtet, war Sagres eine Hochburg maritimer Gelehrter und in Gottvertrauen wagemutiger Schiffsführer. Sie lenkten ihr armes, aber an menschlichen Energien reiches Land auf einen neuen Kurs: Mit den Entdeckungsreisen gewann Portugal die Handelsmacht, die Seemacht benötigte; mit der Seemacht stieg es auf zur Weltmacht. Bei einem Besuch in Sagres drängte sich mir der Gedanke auf, die *art maritim* 1996 unter dem Thema „Portugal" auszurichten. Sie ist in außerordentlich angenehmer Zusammenarbeit mit den kompetenten portugiesischen Kennern der Schiffahrtsgeschichte und der sie dokumentierten Kunst und seemännischen Kunstfertigkeit zustandegekommen. Die meisten Exponate werden zum ersten Male außerhalb Portugals gezeigt. Sie gehören zu einer der größten, wertvollsten und aufschlußreichsten Sammlungen der Welt, in Besitz des Marinemuseums Lissabon. Im Spiegel der Kunst und mit seemännischen Kunstfertigkeiten dokumentieren sie nicht nur die wissenschaftliche und technische Entwicklung in der Schiffahrt, mit der die Portugiesen bahnbrechend für den Gang der europäischen Geschichte vom Mittelalter in die Neuzeit waren; sie sind darüber hinaus ein beispielhafter Ausdruck für die Solidität, in der Portugal seine Geschichte pflegt. Die Austellung macht die Vielschichtigkeit des historischen Geschehens deutlich, das trotz aller Wechselhaftigkeit der Zeitläufe in einem der See zugewandten Volk lebendig geblieben ist. Vor der gründlichen Art, in der sich die Portugiesen ihrer Vergangenheit vergewissern, nationalbewußt und zugleich weltoffen, habe ich höchsten Respekt. Dafür, daß die diesjährige *art maritim* unter dem Titel „Schiffahrt und Kunst aus Portugal. 800 Jahre maritime Geschichte" veranstaltet werden kann, habe ich allen portugiesischen Freunden und Helfern zu danken, die diese in der Bundesrepublik Deutschland erstmalige Ausstellung ermöglicht haben, voran Admiral Rogério d'Oliveira, dem Präsidenten der Kulturkommission der portugiesischen Marine, Konteradmiral Victor Crespo, und dem Direktor des Marinemuseums Lissabon, Kapitän zur See José Martins e Silva. Mein Dank gilt auch Prof. Franz Zeithammer, der vor 12 Jahren die *art maritim* als Ausstellung der Hamburger Bootsmesse geschaffen hat.

Peter Tamm

Wissenschaftliches Institut für Schiffahrts- und Marinegeschichte, Hamburg

Portugal in der internationalen Schiffahrtsgeschichte

Konteradmiral Víctor Crespo

Portugal, das bereits im 12. Jahrhundert mit der christlichen Reconquista der Iberischen Halbinsel unabhängig wurde, hat seit jeher im Meer den Garant seiner Unabhängigkeit und die Quelle seiner Identität gefunden. Vom restlichen Gebiet der Halbinsel trennen es keine unüberwindlichen topographischen Gegebenheiten und auch seine ethnischen Wurzeln sind kaum von denen seiner Nachbarvölker zu unterscheiden. Die Anfangsgründe für die Herausbildung einer eigenen Identität und die starke Bindung ans Meer, die sich bis in die heutige Zeit erhalten hat, sind im Fischreichtum des Atlantik, in der Öffnung zur Kommunikation, die Flüsse und Küste boten und vor allem in der Lage als Durchgangsort für die Schiffsverbindungen zwischen dem Norden Europas und dem Mittelmeer zu suchen.

Diese maritime Berufung, der Kontakt mit anderen seezugewandten Völkern und die Suche nach Bestätigung auf dem Meer brachten die portugiesischen Seeleute im 15. Jh. dazu, mit der Tradition der mediterranen Seewege zu brechen und sich auf der Suche nach neuen Märkten, nach Gold und exotischen Waren auf die Routen des afrikanischen Atlantiks vorzuwagen. Diese Seefahrten führten zur Erfindung der Navigation nach den Sternen, zur Entdeckung und Kolonialisierung der atlantischen Inseln, zur technischen Verbesserung des Schiffsbaus und zu einem systematischen Studium der ozeanographischen Gegebenheiten des Atlantiks. Die neue, auf diesen herrlichen Abenteuern erworbene rationale Mentalität und die Entwicklung eines neuen Wissens, die zum Bruch mit den alten Portolanen beitrug und neue, dem Ozean angemessene Karten hervorbrachte, die in Breiten- und Längengrade aufgeteilt wurden, weitete den Radius der Schiffahrt und der Entdekkungen aus.
Am Ende jenes Jahrhunderts reichte er bereits von den eiskalten Küsten der Nordmeere, wo regelmäßig gefischt wurde, bis zum südlichsten Kap Afrikas, das bezwungen wurde und den Weg in den Indischen Ozean freigab.

Nach Indien und in den Fernen Osten führten die Portugiesen neben dem technologischen Fortschritt und dem Wissen über die Meere, die die Seefahrt auf dem Atlantik ermöglicht hatten, vor allem die wachsende Notwendigkeit, mit anderen Ländern Handel zu treiben, um Quellen für den Lebensunterhalt zu finden, den die Enge und Armut des europäischen Mutterlandes nicht mehr sicherte.

Aus diesen fernen Zeiten des Mittelalters, in denen die Portugiesen ihren Handel auf allen Meeren betrieben, stammt die enge Beziehung zu den Städten der nordischen

Hanse. Kaufleute, Wissenschaftler und Künstler begegneten sich in einem kulturellen Austausch, der sich zu fruchtbarer Zusammenarbeit entwickelte, von der heute noch Navigationsbücher, Seekarten und andere Dokumente zeugen, die in deutschen Archiven aufbewahrt werden. Auch die flämische und deutsche Malerei dieser Zeit, die in Museen portugiesischer Städte auf dem Festland und auf den Inseln ausgestellt ist, legte davon Zeugnis ab. Die Radierung Dürers, die er nach Angaben ausführte, die aus Lissabon über ein Tier gemacht wurden, das König Manuel von einem orientalischen Fürsten zum Geschenk erhielt, machte ganz Europa mit dem seltsamen Aussehen des Rhinozeros bekannt. Daß der Held der Utopie von Thomas Morus ein Portugiese ist, läßt ebenfalls die Bedeutung erkennen, die den Entdeckungen neuer Wirklichkeiten und einer neuen Art und Weise, sich in der Welt zu bewegen, zukamen.

Die ausgeprägten politischen, kommerziellen und kulturellen Verbindungen mit den Ländern Nordeuropas, die Portugal auf dem Höhepunkt der maritimen Entdeckungen pflegte, bieten dem Lissabonner Marinemuseum, das eingeladen wurde, die Ausstellung *art maritim* 1996 in der Hafenstadt Hamburg zu organisieren, eine ausgezeichnete Gelegenheit Portugals maritime Identität und seine historische Verbindung zum Meer besonders herauszustellen. Doch Portugal tat sich nicht nur im 15. und 16. Jahrhundert als Seenation hervor. Nach den Verlusten während der Iberischen Reichsunion und durch die wachsende maritime Hegemonie Nordeuropas, die den Orienthandel reduzierte, expandierte Portugal seine Handels- und Kolonialisierungsanstrengungen mit Brasilien und Afrika. Dabei vernachlässigte es auch seine Interessen in den übrigen Teilen der Welt nicht, wo es seit je Gebiete, Fischgründe oder einfache Außenposten zum Warenaustausch unterhielt.

Auch nach dem Bruch der institutionalisierten Bindungen - erst mit Brasilien und später auch mit dem Fernen Osten und Afrika - , die Portugal jahrhundertelang mit seinen Kolonien aufrecht erhielt, hat das Land seine maritime Berufung nicht verloren.

Die engeren politische Beziehungen zu den Ländern in der Europäischen Union haben sogar einige Aspekte dieses besonderen Verhältnisses zum Meer in neues Licht gerückt: etwa Kenntnisse und Wissen über Afrika und die Tropen, die noch in verschiedenen portugiesischen Universitäten und Instituten gepflegt werden; die Fähigkeit mit anderen Völkern der Welt zu arbeiten und Beziehungen anzuknüpfen; schließlich Portugals besondere Gabe für den Handel, für die Fischerei, das Transportwesen, den Schiffsbau und die entsprechende wissenschaftliche Forschung.

Kunst ist Reflex einer Identität und die authentischste Art und Weise, die Vergangenheit kennen zu lernen. Wir hoffen deshalb, daß die *art maritim* 1996 mit ihren Werken aus dem Marinemuseum, die den Einflüssen der Zeit widerstanden haben und so zerstörerische Phänomene wie das Erdbeben, das 1755 Lissabon in Schutt und Asche legte, oder die europäischen Kriege vom Anfang des 18. Jahrhunderts überlebten, für diese tiefgreifende Bindung des portugiesischen Volkes an die Meere Zeugnis ablegt. Sie wurde von der Natur determiniert und scheint die Thesen Alexander von Humboldts zu bestätigen.

Víctor Crespo
Konteradmiral und Präsident der Kulturkommission der Marine, Portugal

Meilensteine

der Innovation. Gebaut bei HDW.

Maßgeblich von HDW entwickelt: Das moderne Containerschiff

Wer über Containerschiffe spricht, weiß, daß HDW schon immer der Geburtsort innovativer Schiffe war, die weltweit Standards gesetzt haben. Zum Beispiel: 1972 haben wir unser erstes Voll-Containerschiff gebaut – die 30 Knoten schnelle „Tokyo Bay" für OCL.

1983 leiteten wir das Forschungsprojekt „Schiff der Zukunft". 1988 steckten wir neue Horizonte mit den drei gigantischen 4.340-TEU-Post-Panmax-Schiffen für APL ab. 1993 verließ das modernste Open-Top-Containerschiff der Welt unsere Werft. Der zufriedene Eigner hat insgesamt sechs Schiffe geordert. 1995 haben wir die ersten 4.800-TEU-Containerschiffe der Welt abgeliefert. Und jetzt verhandeln wir bereits über Containerschiffe mit mehr als 6.000 TEU. Ein Blick in das nächste Jahrhundert: 8.000-TEU-Schiffe mit einer neuen Hafen-Infrastruktur. Sie werden schon heute Realität in unserer Entwicklungsabteilung.

Tokyo Bay

Schiff der Zukunft

Norasia Friborg, Norasia Kiel

17. 4. 95: Ausschwimmen des 4.800 TEU weltgrößten Containerschiffs *APL China*

Mehr Interesse an HDW? Der direkte Kontakt zu einem der erfahrensten Containerschiff-Bauer der Welt ist die Telefon-Nummer (0431) 700-2799. Wir freuen uns auf einen freundlichen Schwatz über unsere wirtschaftlichen Schiffe mit ihrem Touch von High Tech.

6.000 TEU Schiff

8.000 TEU Schiff

HDW

HOWALDTSWERKE-DEUTSCHE WERFT AG

Postfach 6309 · D-24124 Kiel · Telefon: (0431) 700-0 · Fax: (0431) 700-2312

Ein Unternehmen der Preussag

Museu de Marinha, Lissabon

Das Marinemuseum Lissabon wurde 1863 von König Luis I. gegründet, der selbst lange Zeit Marineoffizier gewesen war. Als Dom Luis 1861, nach dem Tode seines Bruders, zum König ausgerufen wurde, befand er sich gerade als Kommandant an Bord der „Bartolomeu Dias". Mit der Gründung des Marinemuseums wollte der König vor allem die Schiffsmodellsammlung des Königlichen Hauses zusammenhalten, die von diesem Zeitpunkt an beim Unterricht für Anwärter der Marineschule verwendet wurde, da das Museum neben dieser Institution eingerichtet worden war. Nach einem großen Brand im Jahre 1916, bei dem ein wichtiger Teil seines Besitzes zerstört wurde, war das Museum provisorisch an mehreren Orten untergebracht, bis es 1962 endgültig in die Räume des ehemaligen Hieronimusklosters von Belém einzog. Von diesem historischen Ort der Stadt Lissabon am Tejo-Ufer waren jahrhundertelang die Schiffe gestartet, die die neuen Seewege entdeckten.

Die starke Bindung Portugals an das Meer und seine Abhängigkeit von allen Tätigkeiten und Erwerbszweigen, die mit dem Meer zusammenhängen, bestimmten seinen Weg als Nation und bildeten einen der wichtigsten Faktoren in seiner politischen, sozialen und wirtschaftlichen Entwicklung. Das Marinemuseum bewahrt die Erinnerung an die maritime Vergangenheit, sowohl auf militärischem Gebiet als auch auf den Gebieten des Handels, der Fischerei und der Ausflugsschiffahrt.
So ist die Portugal gewidmete Ausstellung *art maritim* 96 eine hervorragende Gelegenheit für jeden Besucher, durch die Auswahl von Stücken aus dem Besitz des Marinemuseums ein wenig von der Geschichte eines kleinen Landes zu erfahren, das trotz seiner geringen demographischen Bedeutung Pionier der Seefahrt auf den Ozeanen war und die europäische Kultur in drei Kontinenten der Welt verbreitete sowie die Früchte seiner Begegnung mit anderen Zivilisationen nach Europa zurückbrachte.

Von Bedeutung ist auch, daß diese Ausstellung gerade in Hamburg stattfindet, in einer Stadt, die zumindest seit dem 14. Jahrhundert, der Hansezeit, maritime Verbindungen mit Portugal pflegte. Die Beziehungen zwischen Hamburg und Portugal überdauerten die Jahrhunderte und wurden bezeichnenderweise gerade in den letzten Jahrzehnten noch einmal durch den Bau einer Reihe von Schiffen für die portugiesische Marine auf der Werft Blohm & Voss verstärkt, auf der auch das Schulschiff „Sagres II" gebaut wurde.
In diesem Zusammenhang möchten wir auch daran erinnern, daß vor genau 100 Jahren das Schiff „Rickmer Rickmers" vom Stapel lief, dieses herrliche Segelschiff, das den Hafen Hamburgs ehrt und das 46 Jahre lang unter portugiesischer Flagge und innerhalb dieser Zeit 35 Jahre für die portugiesische Kriegsmarine als Schulschiff unter dem Namen „Sagres I" fuhr. Aufgrund dieser Tatsache wurde vor kurzem an Bord der „Rickmer Rickmers" eine Gedächtnisausstellung eröffnet, die die Zeit des Segelschiffes im Dienste der portugiesischen Kriegsmarine dokumentiert.
Dies alles liefert genügend Gründe für die Anwesenheit Portugals in der *art maritim* 96, und das Marinemuseum Lissabon ist stolz darauf, die Verantwortung für die Repräsentation seines Landes in dieser Ausstellung übernommen zu haben.

José Martins e Silva - Kapitän zur See und Direktor des Marinemuseums Lissabon - Portugal

Betrachten Sie uns ruhig als einen der größten Reiseveranstalter Deutschlands

Allenfalls die deutsche Wirtschaft übertrifft die Reiselust deutscher Urlauber: Allein in 1995 exportierte sie Waren und Dienstleistungen für 732 Mrd. Mark. Und jede fünfte läuft über die Dresdner Bank. Was macht uns international so gefragt? Unsere weltweite Präsenz im global market, die Voraussetzung, um die lokalen Möglichkeiten und Grenzen zu kennen. So knüpfen wir Kontakte, helfen bei Standortfragen, erarbeiten Finanzierungslösungen vor Ort und kalkulieren mit allen Fördermitteln, was besonders kleineren Unternehmen nützt. Kurz: Wir machen die Welt für „Made in Germany" sehr viel einfacher und leichter. Falls Ihnen der deutsche Markt zu klein geworden ist, helfen wir Ihnen gern weiter.

Dresdner Bank

Museen, Privatsammlungen
und Institutionen
aus Portugal
auf der art maritim 1996

Marinemuseum, Lissabon

Sammlung: Rainer Daenhardt, Portugal

Nationalpalast von Ajuda, Lissabon

Marineschule, Alfeite

Privatsammlung: Manuel da Silva Rodrigues

Sammlung: Musikmuseum, Lissabon

Sammlung: Keramikmuseum Caldas da Rainha

Sammlung: Azulejomuseum, Lissabon

DSR-SENATOR LINES

Heinrich der Seefahrer
(Infante Dom Henrique, 1394-1460)

Skulptur von Álvaro de Brée, 1960
Höhe 150 cm

Sammlung: Marinemuseum, Lissabon

Vergoldete Bronzestatue, die für die Dekoration der Halle der 1. Klasse des Passagierdampfers „Infante Dom Henrique" (1960 gebaut, 23 306 BRT) s.S. 91 der Companhia Colonial de Navegacão, Lissabon gefertigt wurde. Sie stellt den wichtigsten Protagonisten der ersten Phase der portugiesischen Entdeckungen dar.

Servetus Atlas, 1535

In Lyon gedruckt
Papier und Pergament
40 x 65 cm

Sammlung: Rainer Daenhardt, Portugal

Einer der wichtigsten und seltensten Atlanten der Seefahrtsgeschichte, besonders der portugiesischen Entdeckungen. Sein Autor Miguel Vilanueva, der unter dem Namen Servetus bekannt wurde, benutzte die Holzschnittblöcke von Leon Fries und Martin Waldseemüller, um dieses Werk zu schaffen. Die Holzschnitte auf der Rückseite werden Hans Holbein zugeschrieben. Dies ist der erste gedruckte Atlas, der die Bezeichnung „Amerika“ verwendet, die sich damals ausschließlich auf den Süden dieses Kontinents bezog. Nordamerika wurde noch als „Terra Nova“ und Terra „Corterealis“ bezeichnet. Er zeigt Manuel I. von Portugal als den König der Route um das Kap der Guten Hoffnung und erwähnt die Ankunft der Portugiesen in Indien im Jahre 1498. Der Atlas ist höchst selten zu finden, da sein Autor zusammen mit allen Exemplaren, deren man habhaft werden konnte, von fanatischen, religiösen Verfolgern auf dem Scheiterhaufen verbrannt worden ist. Als sriöser Kartograph hatte er es gewagt, das Heilige Land als öde und steril zu beschreiben, in dem kaum etwas wächst. Dies stimmte nicht mit der offiziellen Version der damaligen Kirche überein, die von einem Paradies, in dem Milch und Honig floß, sprach.

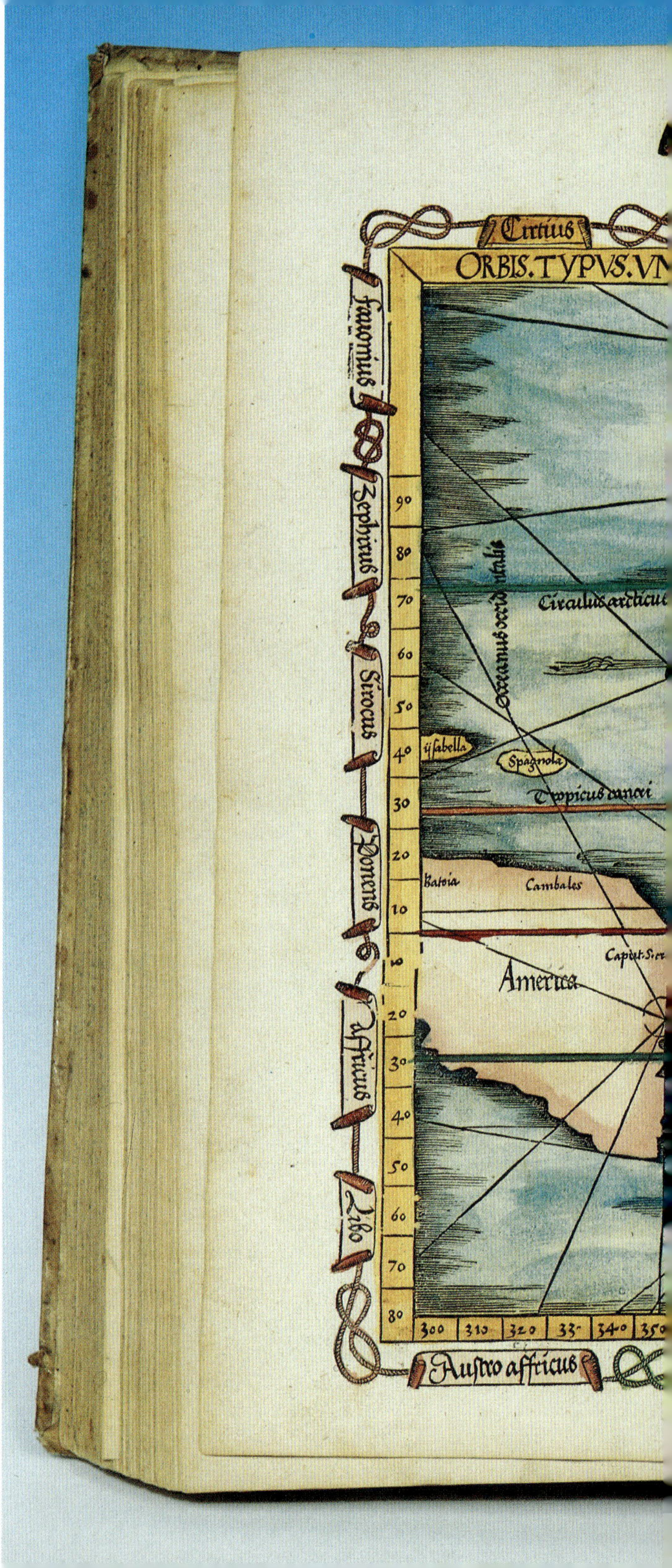

TABU TOTIUS ORBIS
Trachias
Tramontana
Hypertias
Borias
Aquilo
ALIS.IUXTA.HYDROGRAPHORUM.TRADITIONEM.EXACTISSIME.DEPICTA.1522.L.F.
Mare congelatum
Europa
Tartaria
ASIA
Mare mediterra
India superior
Cathaia
Mangi
AFFRICA
Sinus gangeticus
Madagascar
Mare indicu
Sinus magnus
Taprobana
Java minor
Seila
Grenland
Bulturnus
Cecias
Subsolanus
Leucus
Eurus
Euroauster
Meliorans
Nothus
Auster
Euronothus
20 30 40 50 60 70 80 90 100 110 120 130 140 150 160 170 180 190 200 210 220 230 240 250 260 270 280 290

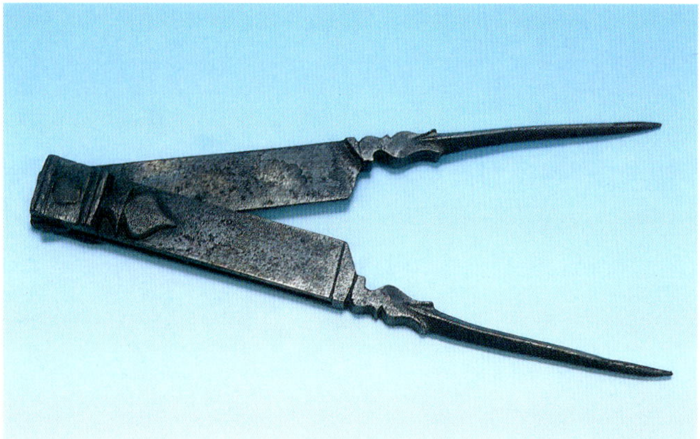

Nautischer Zirkel (15./16. Jh.)

Portugiesisch
Eisen
19x8x2 cm

Sammlung: Rainer Daenhardt, Portugal

Dieses Instrument wurde bereits im 15. und 16. Jahrhundert zum Messen der Entfernung auf Seekarten benutzt.

Astrolabium „Atocha III", 1605

Portugiesisch, signiert: Agostinho Goes Raposo
Durchmesser 16 cm

Sammlung: Marinemuseum, Lissabon

Das nautische Astrolabium, das die Portugiesen aus dem flachen Strolabium entwickelten, wurde vor allem seit dem Anfang des 16. Jahrhunderts zur Feststellung des Breitengrades auf See angewendet. Das vorliegende Exemplar mit dem Namen „Atocha III" wurde 1985 aus dem Wrack der spanischen Galeone „Nuestra Senora de Atocha" geborgen, die 1622 vor Florida Schiffbruch erlitt.

Karavelle mit Lateinersegel (15./17. Jh.)

Maßstab: 1:50

Sammlung: Marinemuseum, Lissabon

Die Karavelle mit Lateinersegel war der Schiffstyp, den die Portugiesen seit der Mitte des 15. Jahrhunderts vornehmlich für die Entdeckung und Erkundung der afrikanischen Westküste einsetzten. Es war ein Schiff von großer Manövrierfähigkeit, das leicht am Wind segeln konnte und so auch bei Gegenwinden gut voran kam.

Schiff aus der Gründerzeit der portugiesischen Nation 12. Jh.

Arthur Guimarães, um 1950
Bleistiftzeichnung
40 x 60 cm

Sammlung: Marinemuseum, Lissabon

Darstellung eines Schiffstyps der - unter starkem Einfluß des nordeuropäischen Schiffbaus - während des 12. Jahrhunderts in Portugal verwendet wurde. Diese Fahrzeuge waren in der Küsten- und Flußschiffahrt eingesetzt.

Schiffe des Dom Fuas Roupinho, 12. Jh.

Arthur Guimarães, um 1950
Bleistiftzeichnung
36 x 61 cm

Sammlung: Marinemuseum, Lissabon

Dom Fuas Roupinho war Waffengefährte des ersten portugiesischen Königs, Dom Afonso Henrique und der erste portugiesische Admiral. Ihm werden die Siege vor dem Kap Espichel (1180) und vor Ceuta (1181) zugeschrieben.

Schiffe des Admirals Dom Rui Pereira, 14. Jh.

Arthur Guimarães, um 1950
Bleistiftzeichnung
43 x 63 cm

Sammlung: Marinemuseum, Lissabon

Als Lissabon 1384 von den Truppen Don Juan I. von Kastilien und vom Geschwader Admirals Sanches de Toar mit 40 Naus und 13 Galeeren belagert wurde, kam aus Porto die Flotte Dom Rui Pereiras der Hauptstadt zur Hilfe. Dem portugiesischen Edelmann kostete die Heldentat das Leben.

Galeere mit Lateinersegel und Königliche Galeere, 16. Jh.

Arthur Guimarães, um 1950
Bleistiftzeichnung
35 x 63 cm

Sammlung: Marinemuseum, Lissabon

Die Galeere, eine für das Mittelmeer typische Schiffsart, wurde in Portugal seit dem Ende des 13. Jhs. verwendet. Mit relativ flachem Bord wurde sie mit Rudern angetrieben, obwohl sie auch bei starkem Wind unter Segeln fahren konnte.

Nau „Sao Gabriel“ 15. Jh.
Maßstab: 1:30
Sammlung: Marinemuseum, Lissabon

Dieses Modell stellt die mutmaßliche Rekonstruktion der Nau „Sao Gabriel“ dar, des Kapitänsschiffs der Flotte von Vasco da Gama, mit der dieser Seefahrer 1497-1498 den Seeweg nach Indien entdeckte.

Hl. Francisco Xavier auf der „Santa Cruz", um 1549

Unbekannt, 17. Jh.
Öl auf Leinwand
89 x 100 cm
Sammlung: Marinemuseum, Lissabon

Das Bild stellt das Wunder dar, das der Hl. Francisco Xaviar während seiner Reise von Macau nach Japan an Bord der „Santa Cruz" vollbrachte. Er verwandelte Salzwasser in Süßwasser, indem er seine Füße ins Meerwasser tauchte.

Kampf zwischen einem portugiesischen Schiff und Piratenschiffen der Berber
Peter Monamy, um 1685
Öl auf Leinwand, 31 x 41 cm
Sammlung: Marinemuseum, Lissabon

Werk des Malers Peter Monamy, Schüler von Willem van de Velde. In dem Seegefecht zwischen Portugiesen und Berbern wird die aktive Rolle des portugiesischen Schiffes deutlich.

HOLSTEN
HOLSTEN-BRAUEREI AG
HOLSTEN
Pilsener
PREMIUM
1879
HAMBURG·GERMANY
Eine schöne Art,
Freundschaften zu pflegen...

Seefahrerschwert, um 1480

Italienisch-iberischer Herkunft,
Regierungszeit Dom João II.
Eisen, zum Teil vergoldet
Länge 102 cm,

Sammlung: Rainer Daehnhardt, Portugal

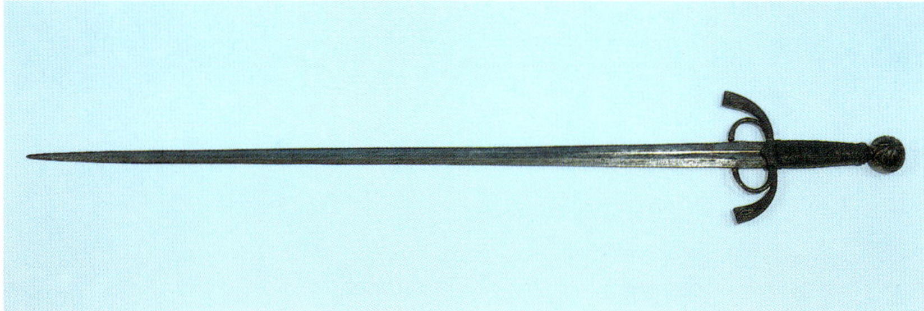

Dieses von den portugiesischen, spanischen und italienischen Seefahrern benutzte Schwert war die erste, typisch nautische Blankwaffe. Sie wurde von Europa nach Afrika, Amerika und Asien exportiert. Wegen des Formats der Parierstangen wurde sie „Krabbenschwert" genannt. Dieser Waffentyp war der erste Schritt auf dem Entwicklungsweg vom mittelalterlichen Schwert mit Kreuzgefäß zum Rapier.

Seefahrerschwert, um 1510

Iberisch, Regierungszeit Dom Manuel I.
Geschwärztes Eisen und Holz
Länge 103 cm,

Sammlung: Rainer Daenhardt, Portugal

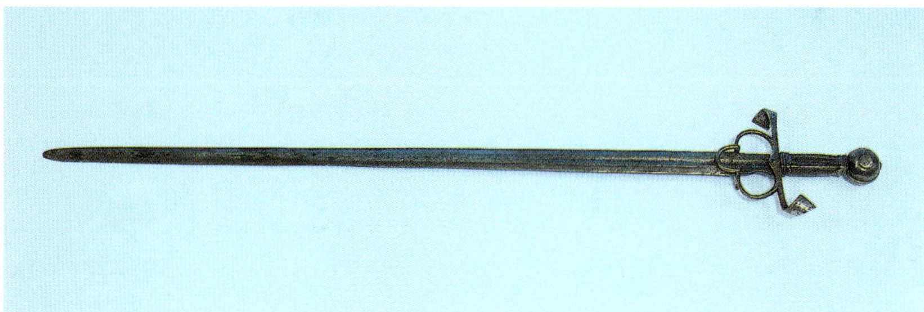

Wegen des Formats der eingerollten Parierstangen, die an eingerollte Pergamentblätter erinnern, wurde dieses Schwert „Pergamentschwert" genannt. Auf den Listen der an Bord portugiesischer Kriegsschiffe gebrauchten Waffen hieß es „Schwarzes Bordschwert".

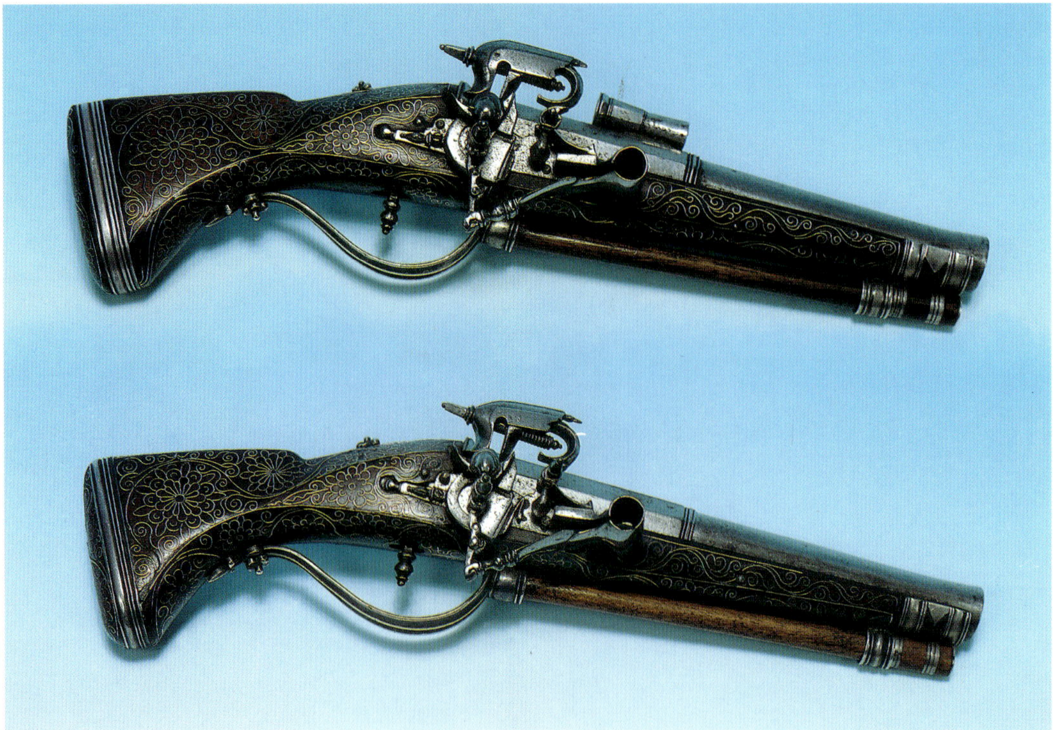

Radschloßpistolenpaar (1590/1650)

Portugiesisch
Eisen, Silber und Holz
Größe: je 25 cm,

Sammlung: Rainer Daenhardt, Portugal

Ein kleines Pistolenpaar mit Gürtelhaken. Die Shloßmechanismen sind entweder italienischer Herkunft oder unter italienischem Einfluß hergestellt. Der Silberdekor zeigt indo-portugiesischen Stil. Da Vizekönig Afonso de Albuquerque schon 1513 goesische Meisterhandwerker nach Lissabon schickte, können die Waffen sowohl im Lissabonner Arsenal als auch in Goa gefertigt worden sein. Nur ganz wenige Exemplare können mit diesen Pistolen verglichen werden. Etwa die in der Eremitage in St. Petersburg, die in Colombo auf dem damals portugiesischen Ceylon hergestellt wurde und einen schönen Elfenbeinschaft hat oder die Pistole im Institut Valencia de Don Juan in Madrid.

Rüstung, Mitte 15. Jh.

Spanisch-deutscher Herkunft, in Portugal bis Mitte des 16. Jh. in Gebrauch
Eisen und Leder
202x17x40 cm (mit Ständer),

Sammlung: Rainer Daehnhardt, Portugal

Die Expansion der portugiesischen Überseegebiete sowie die Notwendigkeit, in warmem Klima kämpfen zu müssen, verlangte eine leichte Ausrüstung. Daher wurden schwere Rüstungen mit geschlossenen Helmformen aufgegeben und durch leichte, zusammengesetzte Rüstungstypen mit einem Kopfschutz ersetzt, die einen größeren Blickwinkel erlaubten. Dieser Rüstungstyp wurde von den Portugiesen seit der Regierungszeit Afonso V. und bis zu João III. verwendet, also von der Mitte des 15. bis zur Mitte des 16. Jahrhunderts.

„Cão“ (Kanone für Steinmunition), 15. Jh.

Schmiedeeisen mit verstärkten Dauben, portugiesisch
Länge 125 cm

Sammlung: Marinemuseum, Lissabon

Artilleriegeschütz aus dem 15. Jahrhundert, Schmiedeeisen. Der „Cão“ war eine Kanone für Steinmunition von geringem Kaliber, die aus mit Reifen und Ringen verstärkten Dauben gearbeitet wurde. Sie schoß mit Steinspitzen von etwa 1 kg. Die Kanone, einer der ältesten Hinterlader der Welt, verfügte über mehrere Pulverkammern (drei sind zu sehen). Dieses erhöhte die Feuergeschwindigkeit.

Dieses Modell gibt ein Schiff wieder, das 1711 im Auftrag von König Dom João V. als königliche Yacht gebaut wurde. Es war mit 80 Ruderern, 1 Steuermann und 1 Bugmann bemannt. Die originale Galeone, die dieses Modell nachbildet, war das erste portugiesische Schiff dieser Art und ist bis auf den heutigen Tag erhalten.

Große Galeone, 1711

Maßstab: 1:20

Sammlung: Marinemuseum, Lissabon

Werftmodell eines Linienschiffes, 18. Jh.

Maßstab: 1:50

Sammlung: Marinemuseum, Lissabon

Dieses Modell eines portugiesischen Linienschiffes aus dem 18. Jahrhundert wurde von Ingenieur José Anchieta de Mesquita gebaut, der am Ende des 18., Anfang des 19. Jahrhunderts lebte. Er zeichnete sich durch topographische Arbeiten aus, die er im Dienst der Armee in Baia de Todos-os-Santos in Brasilien durchführte.

Nedlloyd

Allegorie auf das Kap der Guten Hoffnung

Fayence nach Rafael Bordalo Pinheiro
113,5 x 95 cm

Sammlung:
Keramikmuseum Caldas da Rainha

Der dargestellte „Adamastor“ ist eine mythische Figur aus dem Versepos „Die Lusiaden“ von Luis de Camões (1517 oder 1524-1579), das als eins der Meisterwerke der Weltliteratur gilt. Die Figur symbolisiert alle Schrecken und Bedrohungen, die die Portugiesen mit Wagemut zu überwinden wußten, um das „Mar Tenebroso“ (das finstere Meer) zu befahren, das „Kap der Stürme“ (Kap der Guten Hoffnung) zu bezwingen und damit 1497-1499 den Seeweg nach Indien zu öffnen. Die Fayence ist nach einem Bild des Malers Rafael Bordalo Pinheiro (1848 - 1905) entstanden.

Brustpanzer mit Christusritterkreuz, spätes 15. Jh.

Eisen
39x37x25 cm,

Sammlung: Rainer Daenhardt, Portugal

Runder Brustpanzer mit umgeschlagenen Rändern. Er zeigt in der Mitte ein großes Christusritterkreuz. Der Christusritterorden war der portugiesische Nachfolger des Templerordens. Ihm ist die Organisation der portugiesischen Entdeckungsfahrten zu verdanken. Sein Kreuz prangte auf den Segeln aller Schiffe und auf vielen Waffen.

Portugiesischer Morion (16./17. Jh.)

Eisen
29x27x40 cm,

Sammlung: Rainer Daenhardt, Portugal

Ein Kammorion, der aus aneinandergelegten Eisenplatten hergestellt wurde. An den Seiten trägt er in Eisen getriebene Medaillons, die die Armillarsphäre über dem Christusritterkreuz darstellen. Beide Symbole hatten besondere Bedeutung für das portugiesische Weltreich.

Singalo-Portugiesische Pulverflasche (16./17. Jh.)

Herkunft: Colombo, Ceylon (damals portugiesisch)
Silber, Elfenbein und Rubine, 17 cm

Sammlung: Rainer Daenhardt, Portugal

Als die Portugiesen nach Ceylon kamen, kannte man dort noch keine Feuerwaffen, obwohl die Araber kurz zuvor solche bereits bis zur Malabarküste gebracht hatten. So ist die Einführung der Feuerwaffen im Fernen Osten, von Ceylon bis Japan, auf die Portugiesen zurückzuführen. Colombo wurde zu einem der großen Büchsenmacherzentren Asiens. Portugiesen arbeiteten hier Hand in Hand mit Singalesen. Diese Pulverflasche ist eins der besten Beispiele für die damalige Zusammenarbeit. Die eigentliche Flasche ist ein silberner Drachenfisch mit Augen aus Rubinen. Sie ist mit feinen Filigranelfenbeinplatten verkleidet. Aus dem Mund des Fisches kommt ein Mensch, der seine Hände in betender oder begrüßender Haltung zusammenlegt. Über ihm sitzt ein Goruda-Vogel.

Vorderlader, 1737

Holländisch, mit portugiesischem Wappen
Bronzeguß, Länge 222 cm

Sammlung: Marinemuseum, Lissabon

Vorderlader aus der Regierungszeit Dom João V. Holländischer Bronzeguß von 1737 von Ciprianus Cranz. Es trägt im Relief das portugiesische Wappen und die Inschrift „Joanes V", von einem dekorativen Muster umgeben, sowie den Namen des Gießers.

Segeldegen (17./18. Jh.)

Portugiesisch
Eisen und Knochen
Länge 110 cm

Sammlung: Rainer Daenhardt, Portugal

Ein typisch portugiesischer Waffentyp, der sich parallel zum Glocken- und Hofdegen entwickelt hat. Sein Gefäß hat die Form eines vom Wind aufgeblähten Segels, seine Ränder sind geperlt.

Entersäbel, 18. Jh.

Portugiesisch, Regierungszeit Dom João V.
Eisen und feuervergoldete Bronze
Länge 78 cm

Sammlung: Rainer Daenhardt, Portugal

Gekurvte Klinge, Gefäß aus feuervergoldeter Bronze im Format einer segelartigen Schale, die in einer großen Muschel endet; charakteristisch für den protugiesischen Barock.

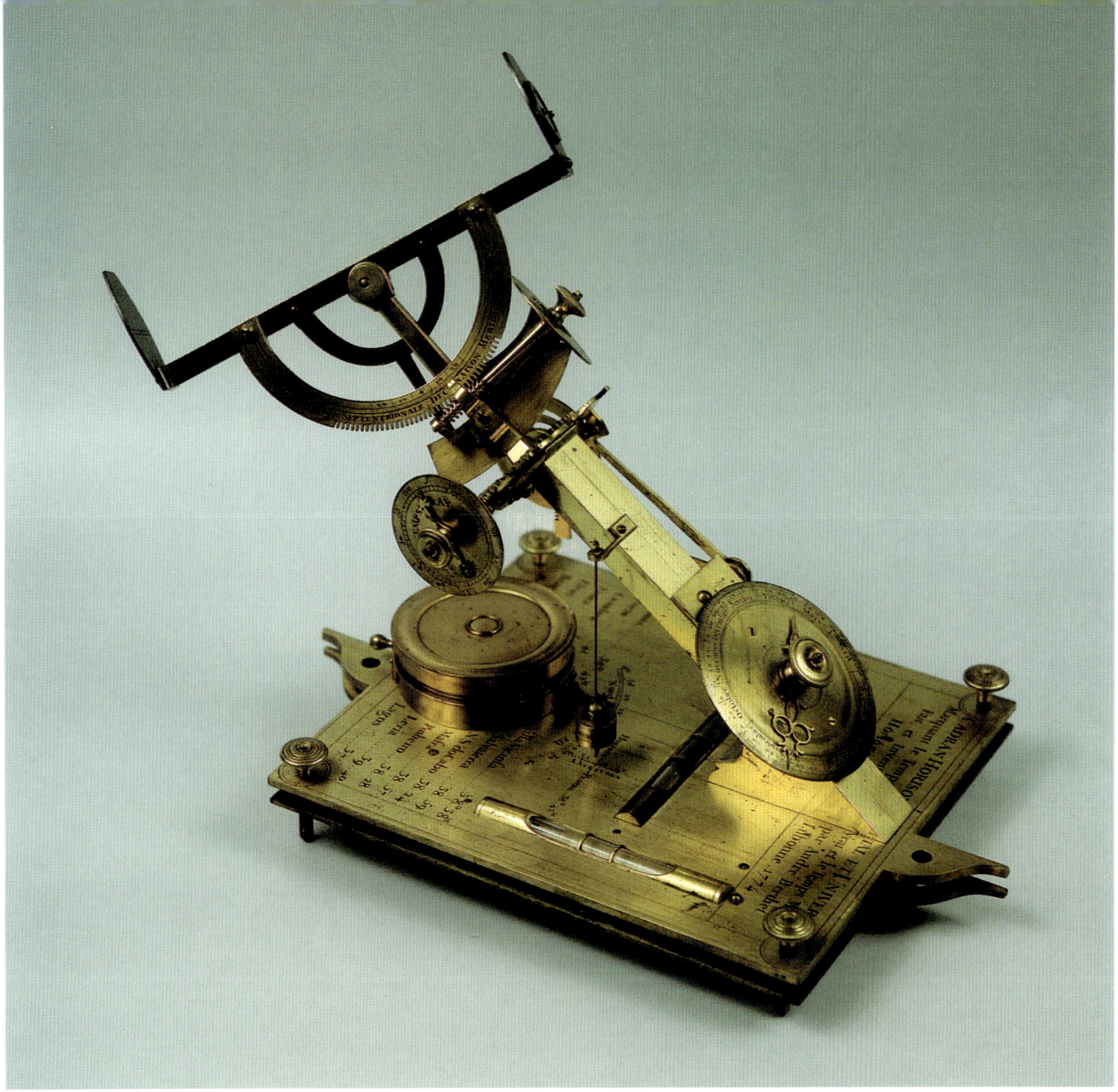

Äquatorsonnenuhr, 1774

Basis 16x21 cm / Höhe 24 cm

Sammlung: Marinemuseum, Lissabon

Diese herrliche Äquatorsonnenuhr wurde im 3. Viertel des 18. Jahrhunderts von dem Lissabonner Uhrmacher Andrè Berthet erfunden und hergestellt. Sie gibt mit großer Genauigkeit die tatsächliche Zeit und die durchschnittliche Zeit an Orten an, die zwischen dem 30. und 45. Grad nördlicher Breite liegen.

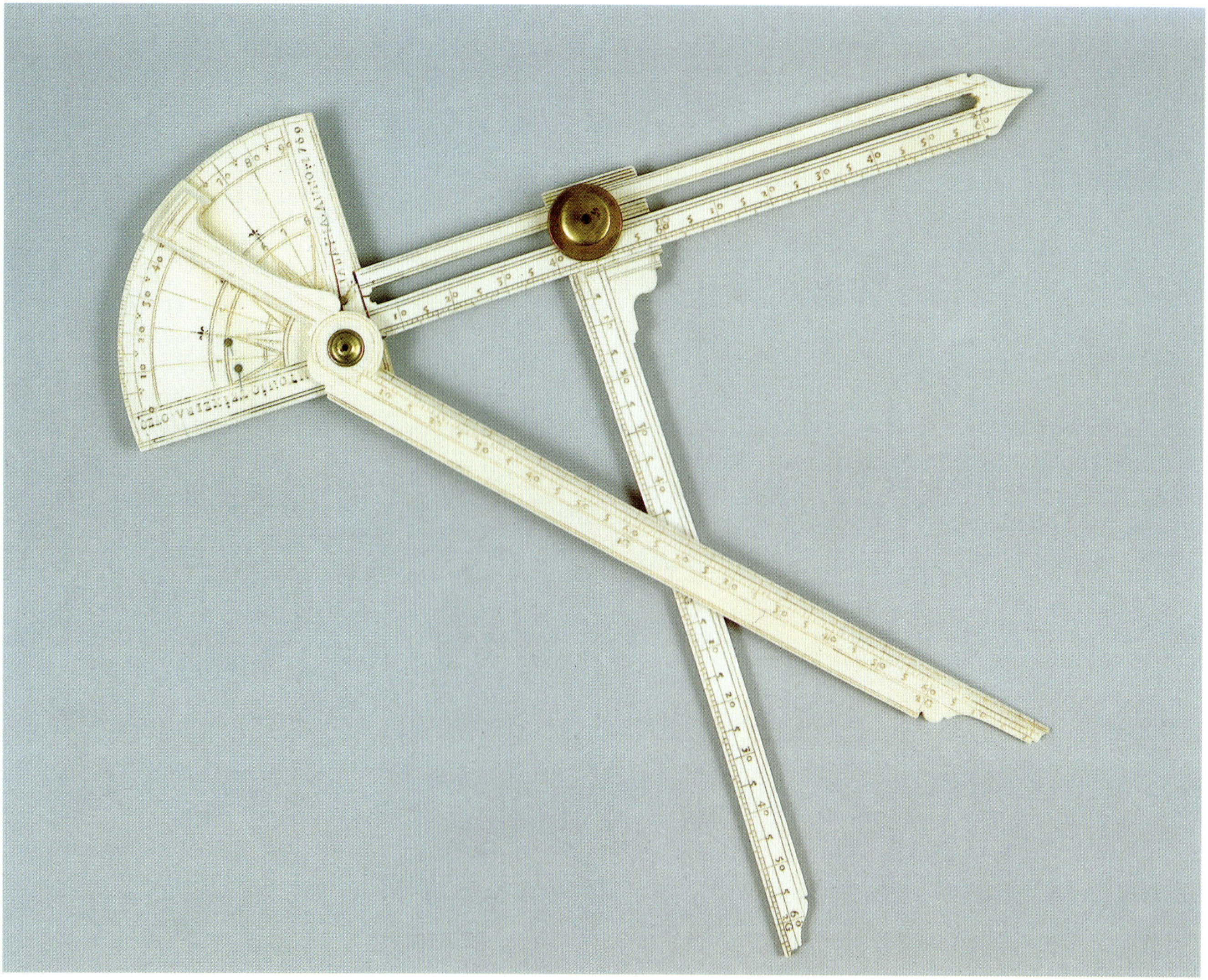

Rechenlineal, 1769

Portugiesisch, von António Teixeira gefertigt
32x34 cm

Sammlung: Marinemuseum, Lissabon

Das Rechenlineal stammt aus der 2. Hälfte des 19. Jahrhunderts Es handelt sich um ein Instrument, das in Grad und Minuten aufgeteilt ist und dazu bestimmt war, das geschätzte Dreieck zur Positionierung zu berechnen.

Seefahrerkompaß, 1790

Portugiesisch
15x24x24 cm

Sammlung: Marinemuseum, Lissabon

Der Seefahrerkompaß wurde aus dem Orient importiert und in Europa zu unbekanntem Zeitpunkt während des Mittelalters eingeführt. Seine Anwendung in der Seefahrt und die nachfolgende Übertragung seiner Angaben auf die Kartographie riefen schwerwiegende Verzerrungen der Werte der Breitengrade in diesen Dokumenten hervor. Das Phänomen der Abweichung der Nadel wurde zuerst von dem Portugiesen Dom João de Castro in seinen „Roteiros“ (Seespiegeln) aufgezeichnet, die er im 2. Viertel des 16. Jahrhunderts schrieb.

Kompaß, 1797

Portugiesisch
Messing, Glas, Papier, Holz
11x11x5 cm

Sammlung: Rainer Daenhardt, Portugal

Beschriftet „Pedro Freire Branco a fez em Lisboa Anno 1797“ (die letzten beiden Zahlen sind handgeschrieben, der Rest Kupferdruck.)

NORDLIGHT

Portugiesische Nau, Ende 18. Jh.

Maßstab: 1:50

Sammlung: Marinemuseum, Lissabon

Modell einer portugiesischen Nau, die Teil eines Reliefplans des Arsenals von Baia in Brasilien ist und im Jahre 1800 von Kapitän Ingenieur José de Anchieta de Mesquita ausgeführt und dem Prinzen Dom João, dem zukünftigen König Dom João V., geschenkt wurde.

Abfahrt König Dom Luís I. aus dem Hafen von Lissabon, 1865

José Pedroso (1825-1890)
Öl auf Leinwand
191x111 cm

Sammlung: Nationalpalast von Ajuda, Lissabon

König Dom Luís verläßt an Bord des Dampfers „Mindelo“ am 2. Oktober 1865 Belém / Lissabon zu einer Weltreise. Das Schiff wird von den Korvetten „Sagres“ und „Sá de Bandeira“ sowie einem französischen Geschwader begleitet.

König Dom Luís I.
(30.10.1838-19.10.1889)
J. Stewart, 1864

Öl auf Leinwand
98x144 cm

Sammlung: Marinemuseum, Lissabon

Dom Luís (1838-1889), Sohn von Dona Maria II. (1819-1853) und Ferdinand von Sachsen-Coburg-Gotha (1816-1885), wurde am 31. Oktober 1838 geboren und bestieg am 14. Oktober 1861 den portugiesischen Thron. Seine 28jährige Herrschaft brachte dem Land politische Stabilität und materiellen Fortschritt.

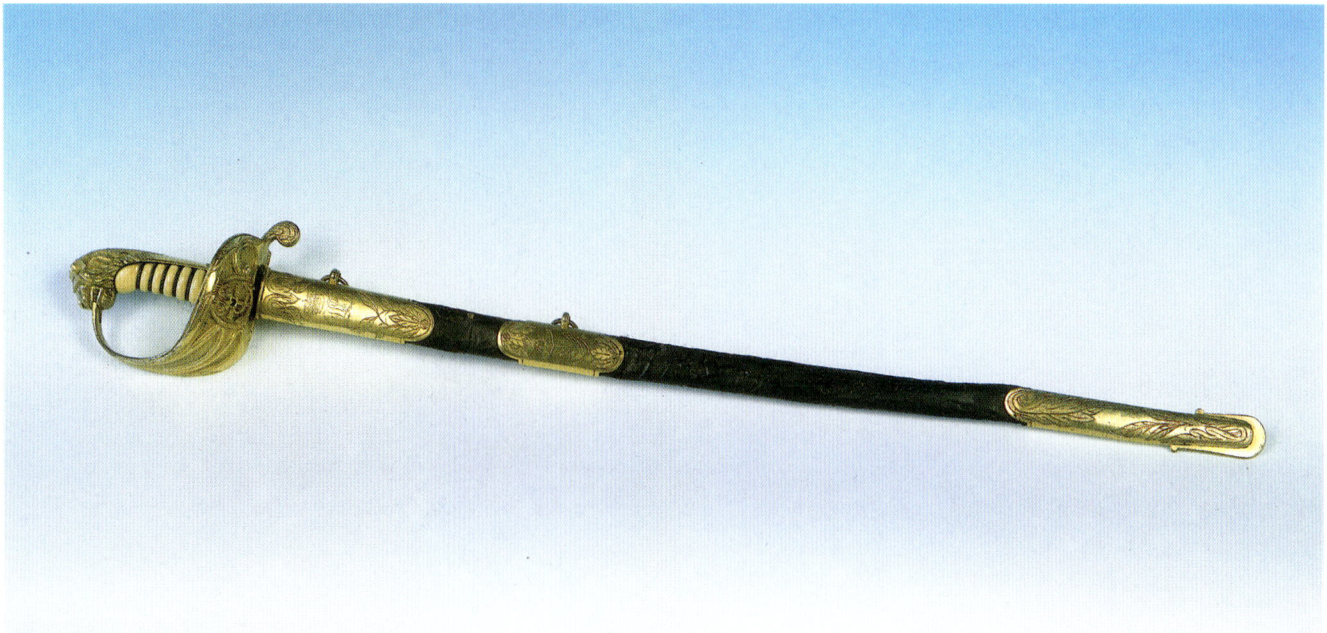

Marinesäbel des Infanten Dom Luis

Paradesäbel

Sammlung: Nationalpalast von Ajuda, Lissabon

Paradesäbel, der dem Infanten Dom Luis, dem späteren König Portugals, gehörte. Er wird heute noch in dieser Form von der portugiesischen Kriegsmarine verwendet.

Marineoffiziersuniform des Königs Dom Luis (1861-1889)

Jacke, Weste und Hose

Sammlung: Nationalpalast von Ajuda, Lissabon

König Dom Luis wurde schon als junger Mann Mitglied der Marine und erreichte früh die Position des Kommandanten der Korvette „Bartolomeu Dias“. Auch nach seiner Thronbesteigung im Jahre 1861 vergaß er seine Mitgliedschaft in der Marine nicht und gründete 1863 das Marinemuseum. Außerdem trug er persönlich dazu bei, das Observatorium Infante Dom Luis in Lissabon wieder aufzubauen.

Ankunft der Königin Dona Estefânia in Lissabon am 17. Mai 1858. Die Königin, Gattin von Dom Pedro V., war in Plymouth an Bord der „Bartolomeu Dias" gegangen. Das Schiff stand unter dem Kommando des späteren Königs Dom Luís und wurde von einer Nau und drei englischen Fregatten begleitet, die man im Hintergrund erkennen kann.

Ankunft der Königin Dona Estefânia in Lissabon, 1858

José Pedroso (1825-1890)
Öl auf Leinwand
187x197 cm

Sammlung: Nationalpalast von Ajuda, Lissabon

Ankunft der Königin Dona Maria Pia in Lissabon, 1862

José Pedroso (1825-1890)
Öl auf Leinwand
107x188 cm

Sammlung: Nationalpalast von Ajuda, Lissabon

Ankunft der Königin Dona Maria Pia in Lissabon am 5. Oktober 1862. Die Königin, Gattin von Dom Luís, war in Genua an Bord der Korvette „Bartholomeu Dias" gegangen und wurde von den Korvetten „Estefania" und „Sagres" der portugiesischen Flotte und den Korvetten „Maria Adelaide", „Duquesa de Génova", „Garibaldi" und dem Aufklärer „Anthon" der italienischen Flotte begleitet. Das Bild zeigt König Dom Luís, der bei der Ankunft in Belém / Lissabon an Bord der „Bartolomeu Dias" geht, um seine Gattin zu empfangen.

Kanonenboot „Rio Douro" (1873-1900)

Maßstab: 1:48

Sammlung: Marinemuseum, Lissabon

Das hölzerne Kanonenboot mit kombiniertem Antrieb verdrängte 587t, wurde im Arsenal der Marine in Lissabon gebaut und lief am 11. Juni 1873 vom Stapel. Es diente in Angola, Mozambique und Ajudá. 1900 wurde es aus den Diensten der Flotte entlassen.

Das ursprüngliche Handelsschiff wurde 1831 in England gekauft und zur Fregatte umgerüstet. „Rainha de Portugal" war das Flaggschiff des Geschwaders der Liberalen, das an der Landung in Mindelo am 9. Juni 1832 und an der Schlacht am Kap S. Vicente am 5. Juli 1833 teilnahm. Seinem Einsatz ist der Sieg über das Geschwader des Infanten Dom Miguel zu verdanken. Dieser Erfolg trug wesentlich zur Beendigung des Bürgerkrieges zwischen 1832 und 1834 bei.

Fregatte „Rainha de Portugal", (1831-1851)

M. Arnaud, 1902
Öl auf Leinwand
49 x 73 cm

Sammlung: Marinemuseum, Lissabon

Fregatte „Dom Fernando II. e Glória", (1843-1963)

Roger Chapelet, 1989
Öl auf Leinwand
50 x 66 cm

Sammlung: Marinemuseum, Lissabon

Diese letzte Segelfregatte der portugiesischen Marine wurde in Damão gebaut und war auch das letzte Schiff, das die jahrhundertealte Indienroute befuhr. Sie lief 1843 vom Stapel und unternahm vor allem Fahrten nach Mozambique und Angola. Zwischen 1865 und 1937 war sie Schulschiff. 1963 wurde sie durch Feuer teilweise zerstört und schied aus der Flotte aus. Zur Zeit wird sie restauriert und voraussichtlich 1997 in Dienst gestellt werden.

Kanonenboot „Camões“ (1864-1876)

Unbekannter chinesischer Maler, 19. Jh.
Öl auf Leinwand
55x69 cm

Sammlung: Marinemuseum, Lissabon

Das Kanonenboot aus Holz, 136 t, wurde 1864 in Macau gebaut und lief im darauffolgenden Jahr vom Stapel. Es fuhr bis 1876 zwischen China und Macau und wurde dann abgetakelt und verkauft.

Saiteninstrumente in Fischform, 19. Jh.

Zwei Gitarren und eine Klampfe aus Holz
Herkunft: Madeira, Längen: 89 / 63 / 52 cm
Sammlung: Musikmuseum, Lissabon

Drei Musikinstrumente in zoormmorphischer Form, zwei Gitarren und eine Klampfe. Sie stammen aus dem 19. Jahrhundert, kommen von Madeira und sind aus Holz mit verschiedenen Metall- und Knochenapplikationen gefertigt.

Sicher mit Gerling.
Weltweit.
Als moderner, internationaler Industrie-, Firmen- und Personenversicherer bietet Gerling alle Versicherungssparten aus einer Hand. Im Dialog mit unseren Kunden erarbeiten wir bestmögliche Sicherheitskonzepte.
Durch rechtzeitige Vorsorge tragen wir dazu bei, Risiken zu vermeiden und zu mindern. Verbleibende Risiken werden durch Versicherungsschutz kalkulierbar gemacht.
Verantwortung bestimmt unser Handeln. Aus Achtung vor Mensch und Natur.
GERLING
Gerling-Konzern Hamburg GmbH
Harvestehuder Weg 25, 20149 Hamburg
Tel. 040/44199-0, Fax 040/44199-410

Bark „Nazareth", 1856

W. Webb, 1867
Öl auf Leinwand
51x76 cm

Sammlung: Marinemuseum, Lissabon

Die Bark (379 t) wurde 1856 in Porto gebaut. Sie war in Lissabon beheimatet und verkehrte hauptsächlich zwischen Portugal und Brasilien.

Kreuzer „Adamastor“ (1897-1934)

Maßstab: 1:48

Sammlung: Marinemuseum, Lissabon

Der Kreuzer „Adamastor“ wurde 1896 auf der italienischen Werft Fratelli Orlando in Livorno gebaut. Sein Ankauf wurde mit Hilfe einer öffentlichen Sammlung bestritten, die auf Grund der allgemeinen Entrüstung über das englische Ultimatum von 1890 durchgeführt wurde. Die „Adamastor“ nahm aktiv an der revolutionären Bewegung teil, die am 5. Oktober 1910 zur Errichtung der Republik in Portugal führte. Sie war 1916 auch an den Kämpfen gegen deutsche Schutztruppen am Rovuma-Fluß im Norden Mozambique beteiligt.

Galionsfigur der Korvette „Sagres“ (1858-1898)

Holzskulptur, 1858
Höhe 112 cm

Sammlung: Marinemuseum, Lissabon

Galionsfigur aus Holz, die das portugiesische Königswappen darstellt. Sie gehörte zur Korvette „Sagres“, einem Holzschiff mit 1.381t, das am 3. Juli 1858 vom Stapel lief. Sie war unter anderem bis 1873 in den angolanischen Hoheitsgewässern eingesetzt. Ab 1867 diente sie als Marineschulschiff in Porto. 1898 wurde sie außer Dienst gestellt.

Die Schweden-Linien.
Eine ganze Flotte für Urlaub und Meer.

NILS HOLGERSSON & PETER PAN

Ob von Travemünde oder von Rostock: Mit TT-Line ist das südschwedische Trelleborg, das Tor Skandinaviens, zum Greifen nah. Mit bis zu 9 Abfahrten täglich und direktem Anschluß an das deutsch-schwedische Autobahnnetz bietet Ihnen TT-Line aber nicht nur eine der modernsten und sichersten Flotten der Ostsee, sondern auch eine der vielseitigsten. Unsere komfortablen Jumbo-Liner PETER PAN und NILS HOLGERSSON zählen für viele zum schönsten Stück Autobahn über die Ostsee. „Beschauliche" Überfahrten, geräumigen Komfort und viel Individualität im gepflegten Rahmen bieten die neuen Combicarrier ROBIN HOOD und NILS DACKE (Frachtfähren mit Passagierbeförderung), die zu den zukunftsweisendsten und umweltfreundlichsten Schiffen der Welt gehören. Und so außergewöhnlich wie die Reisegeschwindigkeit ist auch unser TT-Line Clipper-Service, der mit dem Katamaran DELPHIN die Strecke Rostock – Trelleborg auf nur 165 Minuten verkürzt. Willkommen an Bord! Mini-Tarif 1–5 Personen + Pkw, einfache Fahrt ab Travemünde ab *DM 140.–*, ab Rostock ab *DM 130.–*.

ROBIN HOOD & NILS DACKE

DELPHIN

TT-Line

Travemünde (D) ⇄ Trelleborg (S) Rostock (D) ⇄ Trelleborg (S)

Information und Buchung in jedem Reisebüro oder direkt bei TT-Line, Mattentwiete 8, 20457 Hamburg
Prospektanforderung Tel. 040-3601211, Buchung 040-3601442

20/96 a

Transportschiff „África“ (1875-1910), im Trockendock

Unter der Anleitung von J.J. Salgueiro, 19. Jh.
Tusche und Aquarell
62x175 cm

Sammlung: Marinemuseum, Lissabon

Die „África“ wurde 1875 in Glasgow für die portugiesische Kriegsmarine gebaut. Mit ihren 2.993 t wurde sie durch eine Dampfmaschine mit 1000 PS angetrieben und erreichte damit 13 Knoten Geschwindigkeit. Sie wurde 1907 abgerüstet und 1910 aus der Flottenliste gestrichen.

Blick vom Innenhafen auf Macau

Unbekannter chinesischer Maler, 19. Jh.
Öl auf Leinwand
57x89 cm

Sammlung: Marinemuseum, Lissabon

Ansicht der Stadt Macau im 19. Jahrhundert. Auf einem der Hügel ist der Leuchtturm von Guia, einer der ältesten im Fernen Osten, zu sehen.

Kanonenboote mit kombiniertem Antrieb „Rio Lima" (1875-1910) und „Rio Tâmega" (1875-1909)

Unbekannt, Anfang 20. Jhs.
Öl auf Leinwand
46x81 cm

Sammlung: Marinemuseum, Lissabon

Eisenschiffe mit Holzverkleidung (Teca), die 1875 in England gebaut wurden. Beide Schiffe waren im Verkehr zwischen Kap Verde, Angola, Ajudá, Guiné, Mozambique, Macau und Indien eingesetzt. Sie wurden 1909 / 10 außer Dienst gestellt.

Gepanzerte Korvette „Vasco da Gama“ (1876-1936)

Giraldez, 19. Jh.
Öl auf Leinwand
32x57 cm

Sammlung: Marineschule, Alfeite

Das 2.422 t verdrängende Eisenschiff lief 1875 auf der Werft Thames Iron Works and Shipbuilding Company, Blackwell vom Stapel. Zwischen 1901 und 1903 wurde die „Vasco da Gama“ in Italien zum Panzerkreuzer umgerüstet. 1936 wurde sie außer Dienst gestellt.

Die „Dom Carlos I." (4.253 t) lief am 5. März 1898 in England als Kreuzer vom Stapel. Sie nahm in den letzten 10 Jahren der portugiesischen Monarchie an den wichtigsten Seeaktionen teil. Mit Beginn der Republik 1910 wurde der Kreuzer in „Almirante Reis" umbenannt.

Kreuzer „Dom Carlos I." (1898-1925)

M. Arnaud, 1902
Öl auf Leinwand
48x68 cm

Sammlung: Marinemuseum, Lissabon

Dampfschiff „Dona Maria“

António Jacobsen, 1897
Öl auf Leinwand
56x91 cm

Sammlung: Marinemuseum, Lissabon

Das Dampfschiff „Dona Maria“ wurde 1892 von der Reederei J.H. Andresen in Porto gekauft. Es wurde vor allem im Auswandererverkehr von Europa nach Amerika eingesetzt. 1907 wurde es an die englische Reederei Booth Line verkauft, und erhielt den Namen „Port Fairy“.

Segelschiff mit Dampfantrieb

João Pedroso, Ende des 19. Jhs.
Öl auf Leinwand
23x33 cm

Sammlung: Marinemuseum, Lissabon

Mit der Erfindung der Dampfmaschine kamen mechanische Antriebsarten auf, zuerst das Schaufelrad und später die Schiffsschraube, die das traditionelle Segel unterstützten. Seit dem Ende des 19. Jahrhunderts kam die Verwendung von zwei Antriebsarten auf Schiffen mehr und mehr aus der Mode und wurde schließlich ganz vom mechanischen Antrieb ersetzt.

„Caique" bei Sonnenuntergang

Jerónimo Lopes Banhos, 1886
Öl auf Leinwand
41x71 cm

Sammlung: Marinemuseum, Lissabon

„Caique" ist eine Bootsart der Algarve. Das Bild zeigt dieses Boot bei Sonnenuntergang. Der Maler war Offizier der Portugiesischen Marine.

Schoner Brigg „Nossa Senhora da Conceição“ (1875-1917)

Max Römer, Anfang des 19. Jhs.
Öl auf Leinwand, 29x78 cm

Sammlung: Marinemuseum, Lissabon

Die hölzerne Schonerbrigg „Nossa Senhora da Conceição“ wurde 1875 in Dartmouth gebaut. Sie verkehrte zwischen Portugal und Madeira und wurde 1917 von einem deutschen U-Boot vor der Insel Madeira versenkt.

Hilfskreuzer „Pedro Nunes“ (1917-1923)

Unbekannter chinesischer Maler, Anfang des 20. Jhs.
Öl auf Leinwand
38x70 cm

Sammlung: Marinemuseum, Lissabon

Die „Pedro Nunes“, ex „Malange“ der Companhia de Navegacao, wurde 1889 von der Werft Scott & C., Greenock, gebaut. Nach dem Eintritt Portugals in den 1. Weltkrieg wurde sie im April 1917 zum Hilfskreuzer umgebaut. Da sie auf vielen Fahrten durch von U-Booten gefährdeten Gewässern nie angegriffen wurde, erhielt sie den Spitznamen „Fliegender Holländer“.

Septembernebel am Douro

Navarro da Costa, 1891
Öl auf Leinwand
135x185 cm

Sammlung: Marinemuseum, Lissabon

Das Bild zeigt einige Schiffe, die bei Porto im Douro vor Anker liegen. Im Hintergrund ist die Brücke Dom Luis I. zu sehen. Es ist ein Werk des brasilianischen Malers Mário Navarro da Costa (1883-1931). Als Marinemaler gewann er Gold- und Silbermedaillen in Portugal und Brasilien.

Flußkanonenboot „Infante Dom Manuel" (1905-1948)

Maßstab: 1:24

Sammlung: Marinemuseum, Lissabon

Der Raddampfer wurde 1905 im Arsenal der Marine in Lissabon gebaut. Er wurde von einer 64 PS leistenden Dampfmaschine angetrieben. Wegen seines Einsatzes auf dem Minho-Fluß an der spanischen Grenze wurde er 1910 in „Rio Minho" umgenannt. 1948 wurde das Kanonenboot außer Dienst gestellt.

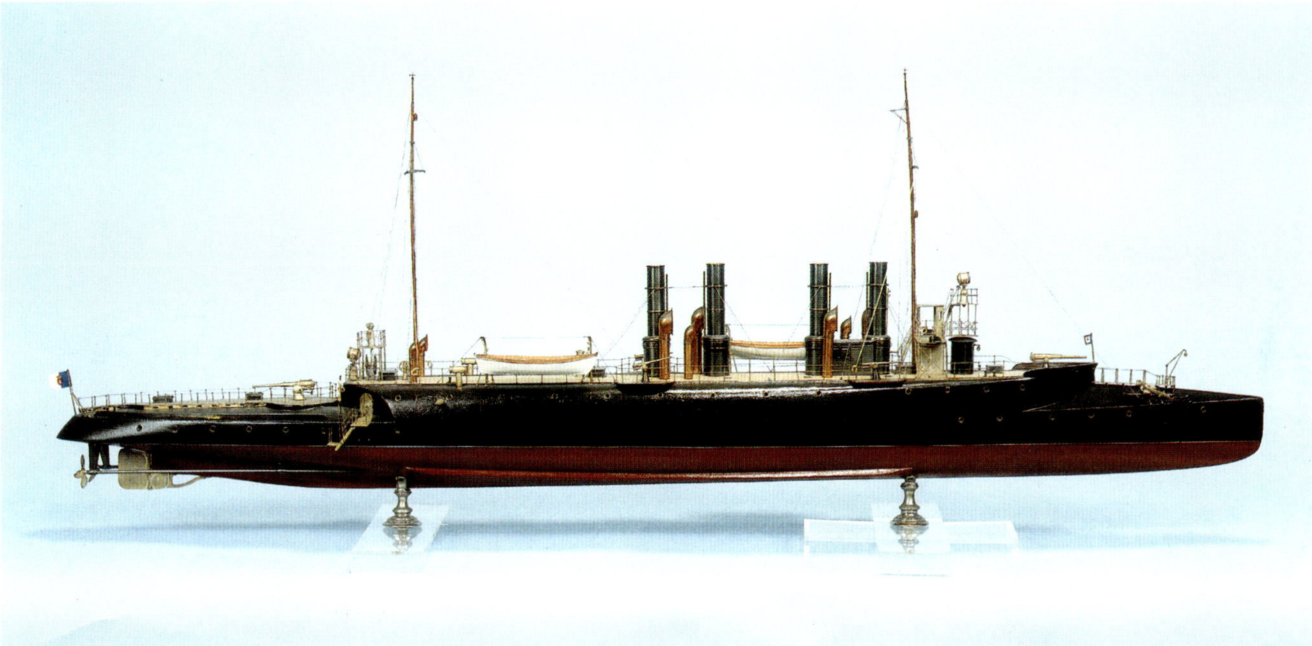

Torpedoboot „Tejo" (1901-1915)

Maßstab: 1:50

Sammlung: Marinemuseum, Lissabon

Das stählerne Torpedoboot (535t) lief am 27. Oktober 1901 im Marinearsenal in Lissabon vom Stapel. Es beteiligte sich an verschiedenen Übungen der Seestreitkräfte und wurde 1915 unter demselben Namen in ein Torpedoabwehrboot verwandelt.

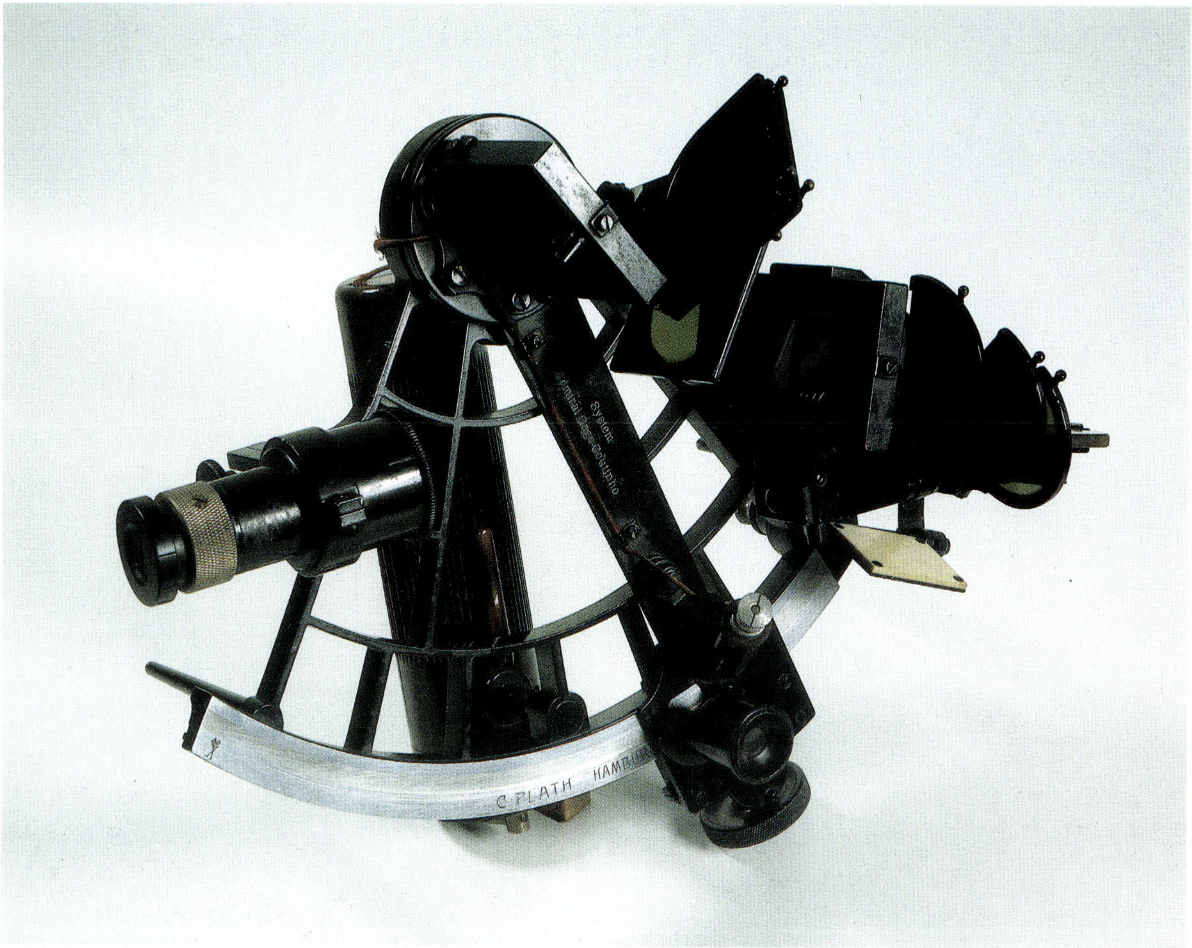

Sextant mit künstlichem Horizont

Von C. Plath in Hamburg
nach dem System des Admirals Gago Coutinho hergestellt

Sammlung: Marinemuseum, Lissabon

1919 erfand Kommandant Gago Coutinho einen Sextanten mit künstlichem Horizont. Dieses bahnbrechende Gerät, das in der Hauptsache aus einer Wasserwaage und gekoppelten Spiegeln bestand, erlaubte die Winkelmessung der Sternenhöhe ohne Rückbezug auf den realen Horizont. Der Sextant „mit Luftblase“, als der er bekannt wurde, bewies endgültig, daß es möglich war, einige Prozesse der Seenavigation auf die Flugnavigation zu übertragen. Der ausgestellte Sextant ist die kommerzialisierte Version des von Gago Coutinho erfundenen Systems durch die Firma C. Plath in Hamburg.

Torpedoboot „Tejo I" (1916-1929)

Maßstab: 1:60

Sammlung: Marinemuseum, Lissabon

Das Torpedoboot „Tejo" wurde 1915/16 auf der Werft des Marinearsenals in Lissabon gebaut. Es war 1917 / 1918 vor der portugiesischen Küste und dem Tejo zur Abwehr deutscher U-Boote eingesetzt. Es wurde 1927 abgerüstet und 1929 verkauft.

Forschungsschiff „Dom João de Castro“ (1940-1947)

Maßstab: 1:50

Sammlung: Marinemuseum, Lissabon

Das Forschungsschiff (1309t) war der erste Neubau auf der neuen Werft des Arsenals in Alfeite bei Lissabon. Es lief am 22. April 1940 vom Stapel. Während einer hydrographischen Expedition 1941 in azorischen Gewässern lokalisierte sie ein Riff, das den Namen des Schiffes erhielt. Sie lief 1947 auf Grund und sank vor der Insel Santo Antão in Kap Verde.

Wasserflugzeug „Santa Cruz“, 1922

Maßstab: 1:16

Sammlung: Marinemuseum, Lissabon

Modell des Wasserflugzeugs „Fairey“ bzw. „Santa Cruz“, in dem 1922 die Marineflugzeugführer Kommandanten Sacadura Cabral und Gago Coutinho die erste Flugüberquerung des Südatlantiks durchführten. Dieser Flug ging in die Geschichte der Fliegerei ein.

Passagierdampfer „Santa Maria“ (1952-1973)

Maßstab: 1:100

Sammlung: Marinemuseum, Lissabon

Die „Santa Maria“, ein Schwesterschiff der „Vera Cruz“ lief am 20. September 1952 auf der belgischen Werft S.A. John Cocokerill vom Stapel. Sie fuhr unter der Flagge der portugiesischen Reederei Companhia Colonial de Navegacão, Lissabon, im Liniendienst zwischen Portugal und Südamerika. 1973 wurde sie verschrottet.

Passagierdampfer
„Infante Dom Henrique", 1960

Gordon Ellis, 1960
Öl auf Leinwand

Sammlung: Marinemuseum, Lissabon

Die „Infante Dom Henrique" wurde 1960 auf der belgischen Werft S. A. John Cockerill für die Companhia Colonial de Navegacão gebaut. Sie fuhr zwischen Portugal und Afrika. 1976 wurde sie Wohnschiff für die Werftarbeiter von Sines. 1986 erwarb sie die Reederei Trans World Cruises Inc., Panama. Sie wurde zum Kreuzfahrtschiff umgebaut und fährt seit 1988 als „Vasco da Gama" in der Karibik.

300
330
270
W
N
030
000
Made in Germany

Vor Anker liegende Fischerboote

Tomás de Mello, Anfang des 20. Jhs.
Öl auf Holz
56x72 cm

Sammlung: Marinemuseum, Lissabon

Werk des Malers Tomás de Mello, der sich als Marinemaler einen Namen machte. Er nahm an Ausstellungen des Künstlergremiums und der Nationalen Gesellschaft für Schöne Künste teil. Er wird als der bedeutendste Maler des Flusses Tejo angesehen, da er unzählige Alltagsszenen des Flußlebens festgehalten hat.

Flußschiff „Barco Rabelo"

Maßstab: 1:20

Sammlung: Marinemuseum, Lissabon

Großes Flußschiff vom Douro, dessen Form seit Jahrhunderten überliefert ist. Es wurde speziell für den Transport der berühmten Portwein-Fässer eingesetzt. Die Schiffe bewegten sich mit dem Strom. Je nach den Witterungsgegebenheiten wurden sie von Ochsenjochen getreidelt.

Stockfischlogger „Santa Isabel“, 1929

Roger Chapelet, 1935
Gouache auf Papier
45x61 cm

Sammlung: Marinemuseum, Lissabon

Der hölzerne Stockfischlogger mit kombiniertem Antrieb wurde 1929 in Gafanha da Nazaré, Ìlhavo, gebaut. Das Ölbild des berühmten Marinemalers Roger Chapelet stammt von 1935 und zeigt die „Santa Isabel“ in grönländischen Gewässern.

„Cangueiro"

Maßstab: 1:25

Sammlung: Marinemuseum, Lissabon

Dieser Schiffstyp mit rundem Boden und Heck wurde bis zum Beginn unseres Jahrhunderts für Schwertransporte auf dem Tejo genutzt.

Barkasse aus Póvoa do Varzim

Maßstab: 1:25

Sammlung: Marinemuseum, Lissabon

Dieser Bootstyp wurde speziell für die Hochseefischerei eingesetzt. Das 19 m hohe Großsegel verlieh diesen Booten hohe Geschwindigkeiten. Bei Windstille wurden mehrere Riemenpaare eingesetzt.

„Caíque“ aus dem Algarve

Maßstab: 1:25

Sammlung: Marinemuseum, Lissabon

Die „Caíque“ verfügte über ausgezeichnete nautische Eigenschaften. Sie ist Nachfolgerin der berühmten Karavellen aus der Entdeckerzeit des 15. Jahrhunderts. Eine „Caíque“ mit 5 Besatzungsmitgliedern fuhr 1811 vom Algarve im Süden Portugals nach Rio de Janeiro, um dem König Dom João VI. den Rückzug der napoleonischen Truppen aus Portugal zu melden.

Fischerboot „Muleta“

Maßstab: 1:30

Sammlung: Marinemuseum, Lissabon

Dieser Bootstyp für den Fischfang mit Grundschleppnetz wurde bis zum Anfang unseres Jahrhunderts im Mündungsgebiet des Tejo und an der Küste zwischen dem Kap Espichel und dem Kap da Roca eingesetzt.

Viermastschoner „Creoula“, 1937

Maßstab: 1:50

Sammlung: Marinemuseum, Lissabon

Viermastschoner mit Stahlrumpf, 665 BRT und Motor 480 PS. Er wurde 1937 für die Parceria Geral de Pescarias auf der Lissabonner Werft Rocha do Conde de Óbidos erbaut. Er nahm bis 1973 an allen Ausfahrten des Kabeljaufangs teil. Dann wurde er restauriert und von der portugiesischen Marine als Trainingsschiff für Jugendliche zur Verfügung gestellt.

Hochseetrawler „Praia do Restelo“, 1957

Maßstab: 1:45

Sammlung: Marinemuseum, Lissabon

Der Hochseetrawler „Praia do Restelo“ wurde 1957 auf der Werft von Viana de Castelo für die Sociedade de Pescarias Restelo gebaut. Er war 606 BRT groß und wurde von einem 1.180 PS MAN-Dieselmotor angetrieben.

Schulschiff „Sagres I“ (1924-1962)

João Ferreira, 1948
Öl auf Holz
40x50 cm

Privatsammlung: Manuel da Silva Rodrigues

Die „Sagres I“, ex „Rickmer Rickmers“, ex „Max“, ex „Flores“ wurde 1896 auf der Werft R.C.Rickmers in Geestemünde gebaut. Nach dem Eintritt Portugals in den 1. Weltkrieg wurde sie 1916 im Hafen von Horta auf den Azoren beschlagnahmt. Zwischen 1924 und 1962 diente sie als Schulschiff in der portugiesischen Marine.
Das Bild stellt die „Sagres I“ am 21. Mai 1948 aus dem Tejo nach Amerika auslaufend dar.

Schulschiff „Sagres II“
in der Meerenge von Formosa

Roger Chapelet, 1979
Öl auf Leinwand
50x65 cm

Sammlung: Marinemuseum, Lissabon

Die „Sagres II“ wurde 1937 auf der Werft Blohm & Voss, Hamburg als „Albert Leo Schlageter“ für die Deutsche Kriegsmarine gebaut. Später erwarb sie die portugiesische Marine und nannte sie „Sagres II“. Auf ihrer ersten Weltumsegelung unter portugiesischen Flagge 1978/79 befand sich der Maler Roger Chapelet drei Monate lang (zwischen San Francisco und Hongkong) an Bord. Dieses Bild malte er, als das Schiff die Route zwischen Nagasaki und Macau zurücklegte.

ATLANTIC

Korvette „Joao Coutinho", 1970

Maßstab: 1:50

Sammlung: Marinsemuseum, Lissabon

Die Korvette wurde auf der deutschen Werft Blohm & Voss in Hamburg nach protugiesischen Plänen gebaut und lief am 2. Mai 1969 vom Stapel. Sie ist mit zwei Dieselmotoren Semt-Pielstick mit zusammen 5.280 PS ausgerüstet, die ihr 24,4 Knoten Geschwindigkeit erlauben. Sie dient seit 1970 in der portugiesischen Flotte.

Fregatte „Vasco da Gama", 1991

Leihgabe der Werft Blohm & Voss, Hamburg

Die Fregatte „Vasco da Gama" wurde auf der Werft Blohm & Voss gebaut und am 18. Januar 1991 in Hamburg der portugiesischen Marine übergeben. Mit 3.200 BRT ist sie eine ozeantüchtige Fregatte nach dem Modell Mehrzweckkorvette, auch MEKO genannt. Besonders geeignet im Einsatz gegen U-Boote.

Wissenschaftliches Institut für Schiffahrts- und Marinegeschichte Peter Tamm, Hamburg

Der Hamburger Hafen im Frühjahr 1933

Am Kranhöft des Segelschiffhafens liegt die »Tenerife«, ein 2.436 BRT großer Dampfer der ODPR-Oldenburg-Portugisische Dampfschiffs-Rhederei. Sie wird von einem schwimmenden Kohlenheber beladen. Hinter der »Tenerife« steht einer der ortsfesten 30-t-Schwergutkräne; dieser wurde erst 1980 verschrottet. Wegen des hohen Unterbaus und des waagerechten Auslegers, in dem eine Laufkatze fuhr, nannte man diesen Typ Hammerkran. Im Vordergrund schiebt sich die 1927 auf der Stülckenwerft gebaute Hafenfähre »Bürgermeister Stolten« ins Bild. Sie war nach der legendären »Jan Molsen« das zweite Motorfährschiff im Hamburger Hafen. Der alte Segelschiffhafen existiert nicht mehr in seiner früheren Form. Nur der auf dem Foto abgebildete Teil ist jetzt noch vorhanden. Der Rest wurde in Terminalfläche umgewandelt; auf ihm befinden sich heute unter anderem der O'Swaldkai-Terminal und das Fruchtzentrum der Hamburger Hafen- und Lagerhaus-AG.

Mittelmeerkarte

Ausschnitt
Holland, 1693

Sammlung:
Peter Tamm, Hamburg

Der Titel des Atlasses ist: „Der Fransche Neptunus oder Neuer Atlas von den Seekarten, aufgenommen und graviert auf ausdrückliche Order des Königs zum Gebrauch durch seine Marine.“ Es handelt sich um den Statthalter von Holland, Willem III. von Uranien (1672 - 1702). Dargestellt ist ein Ausschnitt aus einer Mittelmeerkarte, mit Ansichten der wichtigsten Häfen. Der Atlas ist aufwendig gearbeitet, handkoloriert und mit Vergoldungen versehen.

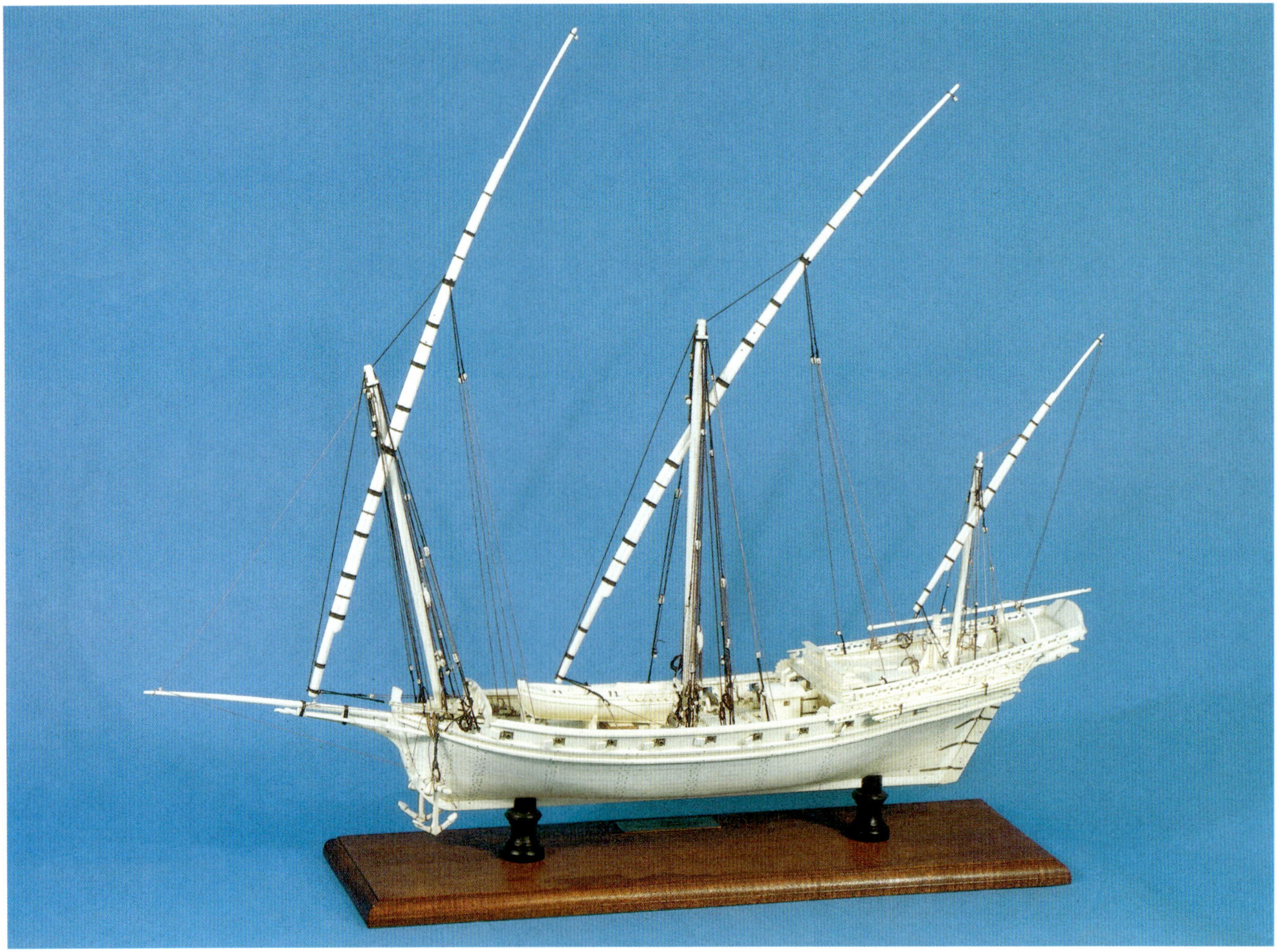

Schebecke, 1750

Maßstab 1:60

Elfenbein

Gebaut von Leo Blümke, Hamburg

Sammlung: Peter Tamm, Hamburg

Die Schebecke war ursprünglich Mittelmeerfahrzeug. Sie war mit Lateinersegeln getakelt und galt als hervorragender Segler. Schiffe dieses Typs befuhren auch die portugiesischen Küste.

„Galeas", 1870

Sammlung: Peter Tamm, Hamburg

Dieser typisch portugiesischer Schoner wurde für Frachtfahrten und gelegentlich auch als Fischereifahrzeug verwendet. Die Schiffe waren vornehmlich zwischen Portugal und den portugiesischen Atlantik-Inseln eingesetzt.

Unsere Technologien dienen der internationalen Sicherheit

Der Rickmer Rickmers zum 100jährigen Jubiläum alles Gute !

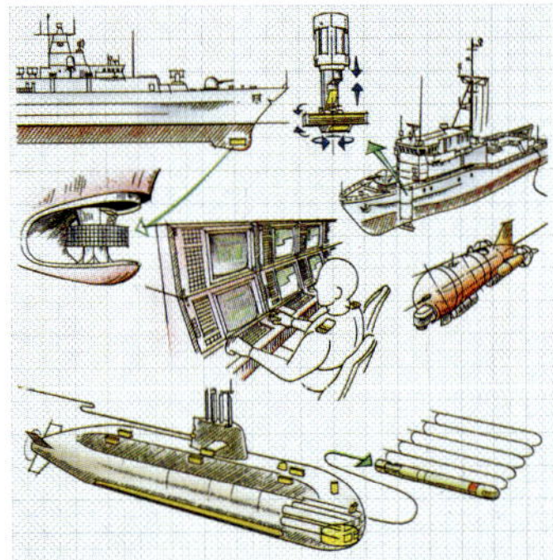

ZB 0.350.7/96

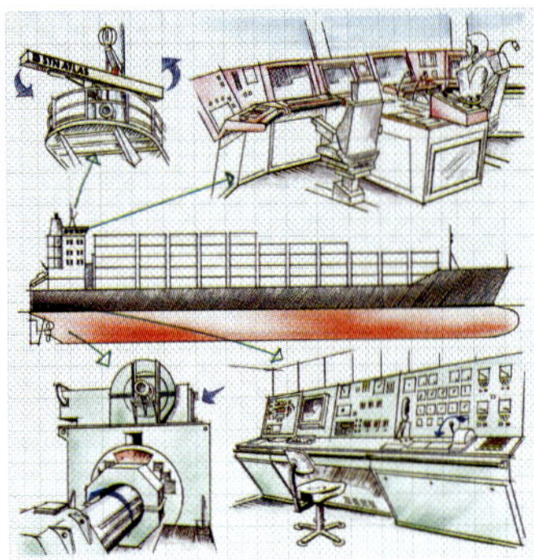

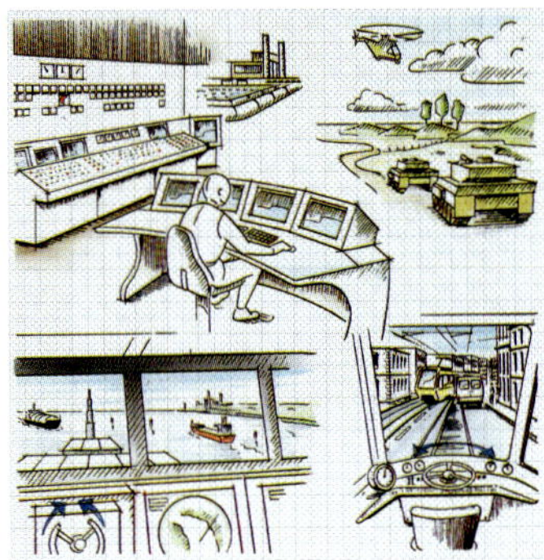

Mit unserem weltweit anerkannten Know-how und unserer jahrzehntelangen Erfahrung bieten wir unter anderem Systemlösungen für die Sicherheit des internationalen Schiffsverkehrs.

Unser Leistungsspektrum umfaßt z.B. den Einsatz modernster Simulationssysteme, Schiffsführungssysteme (SCC), Verkehrsleitsysteme (VTS), Navigations- und Kommunikationssysteme, Brandmeldeanlagen, Schiffsbetriebstechnik, Rettungsbojen sowie Minensuch- und Minenjagdboote.

STN ATLAS Elektronik - Partner für Sicherheit mit System.

STN ATLAS Elektronik GmbH

Sebaldsbrücker Heerstrasse 235
D - 28305 Bremen
Tel.: + 49 (421) 457 - 0

STN ATLAS ELEKTRONIK

The Torre de Belém, Lisbon Harbourg, with a British Frigate Exchanging Salutes

Louis Dodd (18. / 19. Jh.)
Öl auf Holz
32 x 52 cm

Sammlung: Peter Tamm, Hamburg

Eine britische Fregatte, mit zum Teil aufgegeiten Segeln, passiert den mittelalterlichen Wachturm an der Einfahrt zum Hafen von Lissabon. Dabei werden Salutschüsse gewechselt.

Miniaturmodelle

Maßstab 1 : 1250

Sammlung: Peter Tamm, Hamburg

Alte portugiesische Segelkriegsschiffe aus dem 16. bis 19. Jahrhundert. Die in Miniatur gearbeitete Modelle zeigen meisterschaftliche Perfektion.

Kompaß

Portugal, 1783

Sammlung: Peter Tamm, Hamburg

Der 1783 entstandene Trockenkompaß mit Peilaufsatz ist handbemalt, kardanisch aufgehängt in seinem traditionellen Holzkasten. Mit dem aufklappbaren Peilaufsatz konnte man einen Punkt anpeilen. Dank eines kleinen Spiegels konnte das Sonnenazimut gemessen und damit die Deviation des Steuerkompasses festgestellt werden.

LYSEL
RA
GULETTO
Norda
MILKAN
bec
darfst

soft

Pulvergefäße

18. Jahrhundert

Sammlung: Peter Tamm, Hamburg

Prunkstücke aus dem 18. Jahrhundert, aus Schnecken mit Perlmut-Ornamentik gearbeitet. Sie gehörten früher zur Ausrüstung der Schußwaffen.

Bordsekretär

19. Jahrhundert

Sammlung: Peter Tamm, Hamburg

Sekretäre dieser Art waren auf Segelschiffen üblich, weil es darauf ankam Platz zu sparen und vor allem die Bordpapiere vor Nässe zu schützen.

„Rickmer Rickmers“

Maßstab 1 :100

Sammlung: Peter Tamm, Hamburg

Das Schiff wurde 1896 auf der Rickmers-Werft in Bremerhaven als Vollschiff gebaut. Nach Schäden in einem schweren Taifun wurde sie 1905 zur Bark umgerüstet. Das 3.060 t tragende und 87 m lange Schiff wurde 1916 von den Portugiesen beschlagnahmt. Nach dem 1. Weltkrieg wurde es Segelschulschiff, unter dem Namen „Sagres I“. 1962 wurde es durch die neue „Sagres II“, ex „Albert Leo Schlageter“ abgelöst. Seit September 1987 liegt die „Rickmer Rickmers“ als Museumsschiff in Hamburg.

„Rickmer Rickmers“

Roger Chapelet (1903 - 1995)
Öl auf Leinwand
51 x 65 cm

Sammlung: Peter Tamm, Hamburg

Das Gemälde zeigt die „Rickmer Rickmers“ in ihrer ursprünglichen Gestalt als Vollschiff, bei schwerer See im Atlantik.

Auf zur *Musical-Metropole* HAMBURG

Lassen Sie sich von Hamburgs Katzen in eine Welt der Träume und Phantasien entführen und erleben Sie den Musical-Welterfolg CATS im Operettenhaus auf der Reeperbahn. Und wenn Sie das Musical-Fieber dann so richtig gepackt hat, besuchen Sie doch einfach DAS PHANTOM DER OPER im Musical-Theater Neue Flora bei seinem Kampf um die Liebe der schönen Christine. Karten gibt's per Telefon oder bei Ihren STELLA Partnern: Reisebüros, Reiseveranstaltern, Vorverkaufsstellen, Busunternehmen und Hotels.

Tickets: 01 80-5 44 44

10 Jahre CATS 1996 – OPERETTENHAUS HAMBURG + Das PHANTOM der OPER – NEUE FLORA HAMBURG + Miss Saigon – MUSICAL HALL STUTTGART + STARLIGHT EXPRESS – STARLIGHT EXPRESS THEATER BOCHUM + Les Misérables – MUSICAL THEATER DUISBURG + JOSEPH AND THE AMAZING TECHNICOLOR DREAMCOAT – COLOSSEUM ESSEN (Premiere 13.12.96) = STELLA

THE MUSICAL COMPANY

Großkreuz-Set, Silber vergoldet und emailliert, dazu Miniatur und Knopflochdekoration, an Schärpe im Verleihungsetui. Mit diesem Orden werden diejenigen ausgezeichnet, die Dienste für Portugal im In- und Ausland geleistet haben sowie diejenigen, die sich für die Verbreitung der portugiesischen Kultur und für die Erhaltung der Geschichte und ihre Werte eingesetzt haben.

Orden Infante Dom Henrique (Heinrich der Seefahrer)

Sammlung: Peter Tamm, Hamburg

Bark „Albert Leo Schlageter“

Maßstab 1 : 100

Gebaut von Chr. Stührmann, Hamburg

Sammlung: Peter Tamm, Hamburg

Die „Albert Leo Schlageter“ wurde 1937 von der Hamburger Werft Blohm & Voss als Schulschiff für die Kriegsmarine gebaut. Bei 1.750 t Wasserverdrängung war sie 98 m lang und hatte einen 750 PS Hilfsdiesel als Antrieb.

Im November 1944 lief sie im Bottnischen Meerbusen auf eine Mine, dabei kamen 15 Besatzungsmitglieder ums Leben. 1945 wurde sie amerikanische Kriegsbeute. Ab 1947 fuhr sie unter dem Namen „Guanabara“ für die brasilianische Marine. 1961 erwarb Portugal das Schiff unter dem Namen „Sagres II“ für seine Marine. Sie ist heute noch als Schulschiff in Fahrt.

Das Modell stammt aus dem Nachlaß des Admirals Bernhard Rogge, seinerzeit Kommandant der „Albert Leo Schlageter“.

Galleristen
Marinemaler
Modellbauer
auf der
art maritim 1996

Schiffahrt und Kunst - faszinierend schöne Bücher zum Verschenken

Schiffs-Speisekarten

aus der Sammlung Peter Tamm

Essen und Trinken auf See

2. Auflage

160 Seiten,
20,5 x 26 cm,
über 200 Farb- und s/w-Abbildungen,
gebunden,
mit Schutzumschlag,
DM 98,00
ISBN 3-7822-0678-9

Essen um zu überleben, Speisen als Ausdruck vollendeten Genusses. Nirgendwo treffen die Extreme härter aufeinander als in der Seefahrt. In diesem Buch wird die ganze Geschichte zum ersten Mal erzählt.

Speisekarten aus vielen Jahrhunderten, liebevoll gesammelt und ästhetisch präsentiert, führen den Leser und Betrachter durch die Seefahrt- und Weltgeschichte.

Die Geschichte des „Essens und Trinkens auf See" ist aber nicht nur die Geschichte der „Schönen und Reichen", sondern sie zeigt auch einen Teil der Seefahrtgeschichte, in der die Gegensätze hart aufeinandertreffen.

Die Kunsthistorikerin Rusalka Nikolov, der Journalist Alexander Rost und der Fotograf und Grafiker Peter Neumann dokumentieren mit ausgesucht schönen und interessanten Abbildungen aus der Sammlung Peter Tamm, wie optisches Vergnügen und kurzweilige Information eine ästhetische Symbiose eingehen können.

VERLAGSGRUPPE

KOEHLER/MITTLER

HAMBURG BERLIN BONN

Lars U. Scholl

Hans Bohrdt Marinemaler des Kaisers

120 Seiten, 21,5 x 21,5 cm, 24 Farb- und 69 s/w-Abbildungen, Broschur,
DM 39,80
ISBN 3-7822-0642-8

Das Buch vermittelt einen guten Eindruck von der Begabung und den brillianten Fertigkeiten des bedeutendsten deutschen Marinemalers der wilhelminischen Zeit. Seine bevorzugten Themen waren u.a. die kaiserliche Marine, die Handelsschiffahrt und die Kieler Woche mit ihren großen Yachten.

Lars U. Scholl

Der Marinemaler Hans Peter Jürgens

163 Seiten, 21,5 x 21,5 cm,
60 Farb- und 17 s/w-Abbildungen,
gebunden, mit Schutzumschlag,
DM 29,80
ISBN 3-7822-0523-5

Bei Hans Peter Jürgens verbinden sich jahrzehntelange maritime Kenntnisse mit einer großen malerischen Fähigkeit. Neben einer ausführlichen Einleitung von Lars U. Scholl werden 66 wertvolle Reproduktionen seiner Werke gezeigt.

Frank Bauer (Hrsg.)

Der Marinemaler Gerhard Geidel

128 Seiten, 21,5 x 21,5 cm,
107 Farb- und 15 s/w-Abbildungen,
gebunden, mit Schutzumschlag,
DM 58,00
ISBN 3-7822-0523-5

Der mit vielen herrlichen, farbigen Abbildungen versehene Band, vermittelt einen Einblick in das Schaffen des Marinemalers Gerhard Geidel, dem eine faszinierende Mischung aus historischer Detailtreue und maritimer Atmosphäre gelungen ist.

Henry Albrecht

Brunnenstraße 11
56 567 Neuwied
Tel. 02631 / 71498

MS „Münsterland“ (Hapag) im Hamburger Hafen

Gouache, 30 x 42 cm

Mensch und Meer - die Faszination des immerwährenden Ringens mit den Elementen Wasser und Wind steht im Mittelpunkt der Arbeiten des in Neuwied / Rhein lebenden Grafikers Henry Albrecht. Schon in der Jugend, inspiriert durch das Erlebnis der Schiffahrt auf dem Rhein, Neigung zum Zeichnen maritimer Bilder. Nach der Ausbildung zum Grafiker in verschiedenen Agenturen und Industrie-Werbeabteilungen tätig. Dabei geriet die Liebe zur Schiffahrt nie in Vergessenheit und wurde in Form maritimer Malerei gepflegt. Seit Beginn der 80er Jahre Beteiligung an zahlreichen internationalen Ausstellungen. Mitglied im Forum der deutschen Marinemaler und der World-Ship-Society.

Nic Albrecht

Angerburger Allee 41
14055 Berlin
Tel. 030 / 304 22 46

Selbstbildnis im Rigg, Bordskizze

Acryl, 30 x 33 cm

Die von Nic Albrecht auf der art maritim 96 ausgestellten „Bilder der Seefahrt“ zeigen Mensch und Schiff in ihrem immerwährenden Kampf mit den Naturgewalten.

Nic Albrecht ist 1932 an den Masurischen Seen geboren, dort und am Frischen Haff aufgewachsen. Passionierter Seefahrer, Hochseesegler mit langer und umfassender seemännischer Praxis. Fuhr in seiner Jugend auf Frachtern, seit drei Jahrzehnten auf Yachten und Großseglern. Zuerst Diplomingenieur, Industriedesigner, 1957-64 Kunststudium an der Hochschule für Bildenede Künste Berlin und an der Universität Perugia, Italien. Internationale Stipendien, Preise und Lehraufträge für Kunst. Zahlreiche Einzelausstellungen.Arbeitet heute als freier Künstler in Berlin und auf See.

Art Management

Ausstellungen Russischer Künstler
Dr. Marina Sandmann
Mittelweg 58, 20 149 Hamburg
Deichweg 14, 29 484 Langendorf

Die Bucht von Neapel bei Mondschein
Kopie nach Iwan Konstantinowitsch Aiwasowskij
von Tatjana Andrejewna Borej
Öl auf Leinwand, 61 x 95 cm

Tatjana Andrejewna Borej ist 1960 in Moskau in einer Künstlerfamilie geboren. 1985 Abschluß der Kunstschule am Surikow-Institut in Moskau. Seit Mitte der 80er Jahre Teilnahme an Moskauer-, Republik- und Allunionsausstellungen. Ab 1990 Mitglied des Künstlerverbandes der UdSSR. Ihre Vorbilder sind die großen russischen Realisten des 19. Jahrhunderts.

Seit 1990 diverse Auftragsarbeiten als Kopist der russischen, aber auch der europäischen Malschulen.

Antiquariat und Galerie Am Gertrudentor

Volker und Ingeborg Domdey
Gertrudenkirchhof 4, 20 090 Hamburg
Tel. 040 / 33 60 50, Fax 040 / 32 48 20

Der Schlepper
Ole West

Mischtechnik, 30 x 40 cm

Ole West, geboren 1953 in Wedel / Holstein, als Sohn des Kunstmalers Gerhard West. Diplom-Designer nach der Ausbildung an der Fachhochschule für Gestaltung in Hamburg. Seit 1984 freischaffender Maler und Zeichner auf Norderney. Schwerpunkt: Maritime Sujets auf alten Seekarten. Einzelausstellungen u.a. in: Kiel, Greetsiel, Wedel, Hamburg, Niebüll, Norderney, Stade, Köln, Emden, Aurich, Oldenburg, Dortmund, Wilhelmshaven, Bremen, Sulzbach, Albert-König-Museum Unterlüß, Oberhausen, Papenburg, Bremerhaven, Cuxhaven, Bad Bentheim, Grömitz, Delfzijl (NL), Ribe (DK), Worpswede. Seine Werke befinden sich in Privatsammlungen des In- und Auslandes, im Trinity-House, National Lighthouse Centre in Penzance, England und im Deutschen Schiffahrtsmuseum in Bremerhaven.

Ankäufe u.a. durch das Deutsche Schiffahrtsmuseum, Bremerhaven, Albert-König-Museum Unterlüß, Stadt Wilhelmshaven, Stadt Cuxhaven, Stadt Delfzijl (NL). 1990 Projekt Dorfmaler in Unterlüß. Seit 1990 limitierte Originalradierungen als Jahresgabe der Edition „Team-Software", Dortmund. 1992 Stadtmaler von Bad Bentheim.

BOLD KG

Bundesstraße 25
21 524 Brunstorf bei Hamburg
Tel. 04151 / 81 686, Fax 04151 / 81 506

Modell der SY „Sea Cloud" (1931)

Maßstab: 1 : 100

Die BOLD KG präsentiert neben Schiffs- und Halbmodellen historischer Vorbilder auch Nachbauten von modernen Segel- und Motoryachten. So werden zum Beispiel Modelle von Drachen, Folke-, H-Boot, Yngling u.ä. gezeigt.
Sämtliche Modelle entstehen ausschließlich in Handarbeit unter Verwendung der authentischen Spantbauweise. Ergänzend sind Sonderanfertigungen nahezu jedes Schiffstyps (auch schon auf der Grundlage von einfachen Fotos) möglich.
Parallel zur hanseboot findet auch dieses Jahr wieder eine Ausstellung im Hanse-Viertel statt.
Außerdem werden in den Ausstellungsräumen in Brunstorf (30 Autominuten südöstlich von Hamburg) ständig einige repräsentative Modelle aus dem Standardrepertoire gezeigt.

Elbdörfer Galerie - Barry P. Jackson

Osdorfer Landstraße 233
22 549 Hamburg
Tel. 040 / 800 34 74, Fax 040 / 80 68 69

„Rapid Fran Carlshamn", um 1860
Frederik Sörveg

Gouache, 40 x 55 cm

Die Elbdörfer Galerie befindet sich seit 10 Jahren im Westen Hamburgs und ist spezialisiert auf Gemälde des 19. und 20. Jahrhunderts, insbesondere Hamburger Maler. Auf der art maritim werden u.a. Gemälde von F.Hünten, A.Jensen, H. Edens, J.v.Schönberg und H.Bartsch ausgestellt.

Freie Galerie St. Petersburg

Litejnyi Prospekt 20
19 10 28 St. Petersburg, Russia
Tel. / Fax 812 / 521 32 27

Viktor Volin
Estland Ufer, 1957

Öl auf Karton, 16 x 27 cm

Seit 1992 bemüht sich die Freie Galerie St. Petersburg überall in Europa die russische Kunst der europäischen Öffentlichkeit zugänglich zu machen. Insbesondere für die Präsentation der Marinemalerei und zur Weiterentwicklung ihrer Aktivitäten in maritimer Kunst hat die Galerie den Verband der Marinemaler geschaffen, die dem Meer gewidmete Ausstellungen an Bord des Kreuzers „Aurora" organisieren. Sie sind ein wichtiger Bestandteil des kulturellen Lebens von St. Petersburg geworden.
Unter den Mitgliedern des Verbandes sind: der Chefmaler des Russischen Marinemuseums Andrej Tron, der berühmte Illustrator maritimer Bücher Boris Starodupzew, die jungen und talentierten Maler Inna Skliarewskaja, Sergej Bakip, Artöm Kostükewitsch.

Peter Hagenah

Focksweg 27, 21129 Hamburg
Tel. 040 / 7 42 62 82, 040 / 7 42 88 11
Fax 040 / 7 42 41 34

„Posen" in bewegter See auf dem Atlantik

Öl auf Leinwand, 80 x 60 cm

Peter Hagenah, geb. 1.3.1928 in Altenwerder, in dem auch der unvergessene große Marinemaler Johannes Holst ansässig und tätig war.
Liebe zum Detail, die lebendige Komposition mit der stets bei ihm spürbaren Atmosphäre des schönen oder oft grausamen Spiels der See und das eindrucksvolle Nachempfinden bewegter Szenen auf hoher See kennzeichnen seine Bilder.
Als Sohn eines Kapitäns auf großer Fahrt, aus alter Seemannsfamilie väterlicher- und mütterlicherseits stammend, ist solche gefühlsbetonte Darstellungsweise sicher nicht verwunderlich, doch hat er sich alles selbst und ohne Ausbildung erarbeitet. Er ist Autodidakt „reinsten Wassers", wie sich auch Johannes Holst stets voller Stolz genannt hat.
Seine Bilder sind in den einschlägigen Galerien zu sehen, vornehmlich befinden sie sich im Privatbesitz im In- und Ausland, veröffentlicht in diversen Zeitschriften und Bücher, zuletzt in der Neuausgabe (1996) „Marine Painting", Images of Sail, Sea and Shore" vom National Maritime Museum, Greenwich.

Hans Peter Jürgens

Königstraße 12
24 159 Kiel-Holtenau

Hamburger Hafen 1938 mit Stadtsilhouette

Aquarell, 50 x 65 cm

Hans Peter Jürgens wurde 1924 in Cuxhaven geboren. 1939 begann er seine seemännische Ausbildung auf der Viermastbark „Priwall", die als letztes Schiff Kap Horn von Ost nach West umrundete. 1941 geriet er nach der Selbstversenkung des Blockadebrechers „Erlangen" in englische Kriegsgefangenschaft. Nach Erwerb des Kapitänpatentes 1953, fuhr er in der Folge als Schiffsoffizier und Kapitän auf Schiffen der Hansa Linie in der großen Fahrt, bis er 1960 in Kiel zum Seelotsen gewählt wurde. Seit der Kriegsgefangenschaft betätigte sich H.P.Jürgens auch künstlerisch, illustrierte und schrieb schiffahrtshistorische Bücher, übersetzte und bearbeitete englische Bücher für deutsche Verlage. Das inzwischen umfangreiche und unverwechselbare Werk maritimer Darstellungen wurde in vielen Ausstellungen, darunter im „White Hall Club" und in der „America's Cup Galery", New York, gezeigt. Heute befinden sich Bilder in bedeutenden Sammlungen und deutschen Museen. H.P.Jürgens ist Mitglied der „Amicale Internationale Des Capitaines Aux Long Cours - Cap Horniers".

Christel Hudemann-Schwartz

Elbchaussee 185
22 605 Hamburg
Tel. 040 / 8 80 05 87

An der Schleuse, Holtenau, Kiel

Aquarell mit Feder, 15 x 25 cm

Christel Hudemann-Schwartz wurde 1941 in Hamburg geboren. Außer der Ausbildung an der Meisterschule für Mode in Hamburg lernte sie Handweberei und architektonisches Zeichen.
Häufige Ausstellungen in Hamburg und Norddeutschland. 1-jähriger Studienaufenthalt in Venezuela.
Seit 1972 entscheidende illustratorische Mitarbeit bei Bildbänden über Hamburg und Norddeutschland. Alle sind bei Christians in Hamburg erschienen. Ihre bevorzugten Techniken Sind: Aquarell, Feder, Öl, Acryl und Radierungen.

Maren Knauß

Verlag für Helgoland-Literatur
Buch- und Kunsthandlung
Siemensstraße 140, 27 498 Helgoland
Tel. / Fax 04725 / 78 66

Landungsbrücken

Öl auf Leinwand, 60 x 100 cm

Roland Franke wird von der Galerie vertreten. Der Künstler wurde 1960 in Bonn geboren und studierte bei Prof. Dieter Kraemer an der Kunsthochschule Köln Malerei. Er schloß sein Studium als Meisterschüler ab.
Roland Franke konzentriert sich seit 1984 auf den Themenbereich Fluß-Stadt und Hafenlandschaften, sowie auf die Insel Helgoland. Zahlreiche Ausstellungen im In- und Ausland. Bilder von ihm hängen in mehreren deutschen Museen. Er ist in mehreren Bildbände und Kataloge zum Thema Wasserstraßen und Hafenlandschaften vertreten.

Holger Koppelmann

Breslauer Straße 3b
25 541 Brunsbüttel
Tel. 04852 / 49 99, Fax 04852 / 13 38

Portugiesisches Segelschulschiff „Pedro Nunes“ vor dem Turm

von Belem in Lissabon.

Für Holger Koppelmann, 1949 in Brunsbüttel geboren, übten Schiffe schon seit seiner Kindheit einen Reiz aus. So legte er bereits in seiner Jugend den Grundstock für eine sehr umfangreiche Sammlung an Schiffsliteratur, die er im Laufe der Zeit durch ein umfassendes Foto- und Skizzenarchiv ergänzte. Er ist fachkundiger Beobachter an den Gewässern seiner Heimatstadt, Elbe und Nord-Ostsee-Kanal geworden.

Uwe Lütgen

Grünebergstarße 9

22 763 Hamburg

Tel. 040 / 8 80 13 64

„Meteor IV“ und „Cetonia“, 1911

Öl auf Leinwand

Als gelernter Theatermaler hat Uwe Lütgen acht Jahre am Deutschen Schauspielhaus in Hamburg gearbeitet. Seit 20 Jahren arbeitet er freischaffend. Sein Interesse galt immer alten und schwierigen künstlerischen Techniken, z.B. Hinterglasmalerei. Eine für ihn besonders reizvolle Arbeit sind Ölbilder von Yachten und Regattaszenen.
Bilder im Deutschen Museum München, Schiffahrtsmuseum Kiel und Brake, Kappelner Heimatmuseum, Mysic Maritime Gallery Connecticut USA, ständige Ausstellung in der Galerie Bock, Hamburg.

Frank Möller

Arnold-Zweig-Straße 123

18 435 Stralsund

Tel. 03831 / 38 46 50

Begegnung zwischen MS „Jade Trader“

und einem Kutterewer im Strelasund

Frank Möller, geboren 1958 in Lübz / Mecklenburg. Er ist gelernter Stahlschiffbauschlosser und Maschineningenieur. Zur Zeit Tätigkeit als Schiffbaukonstrukteur in der Volkswerft GmbH Stralsund.
Animiert durch die Nähe zur See, die berufsbedingte Konfrontation und die für ihn vom Schiffbau ausgehende Faszination, erwuchs der Wunsch, das Gesehene und Erlebte bildlich darzustellen. Er ist Autodidakt.

Tadeusz Molga

ul. Zakopianska 28 / 7
03-934 Warszawa, Polen
Tel. / Fax 022 / 6162750

Ostseeküste

Öl auf Leinwand, 38 x 55 cm

Tadeusz Molga, Kunstmaler und Restaurator, geboren 1955 in Warschau. In den Jahren 1974-79 studierte er Kunstgeschichte an der Warschauer Universität und dann 1980-86 Restaurierung an der Kunstakademie in Warschau, Diplomabschluß mit Auszeichnung.
Hauptthemen in seiner Malerei sind Landschaften und Stilleben. Als Kunsthistoriker versteht und kennt er gut die alte Malerei. Als Restaurator beherrscht er die alte Maltechnik. Diese Kenntnisse geben ihm die Möglichkeit mit der alten Malerei zu spielen und Motive der alten Meistern umzubilden. Daraus schafft er eigene Kompositionen im Geist vergangener Epochen.
Bilder von ihm befinden sich in Privatsammlungen in Polen, Deutschland, Österreich, Frankreich und den USA.

Fred Müller

Fritz-Reuter-Straße 18
25 358 Horst

Begegnung zwischen „Gorch Fock“ und
der alten „Elbe“I in der Nordsee

Öl auf Leinwand, 80 x 100 cm

Fred Müller, Jahrgang 1933, Kapitän auf großer Fahrt, Marinemaler.

Peschke Design

Bernadottestraße 73
22 605 Hamburg
Tel. 040 / 88 06 129, Fax 040 / 88 03 426

Elbmündung

Farbradierung mit Collage, 30 x 40 cm

Jochen Peschke ist 1952 in Hamburg geboren. Von 1952 bis 1962 aufgewachsen in Utersum auf Föhr. Danach Umzug nach München. Ausbildung zum Grafik-Designer in München und Hamburg. Seit 1981 als selbstständiger Grafik-Designer in Hamburg-Othmarschen. 1995 Gründung des DRUCKWERK, eine Werkstatt für künstlerische Drucktechniken.

Jochen Peschke ist viel mit seinem Kielschwerter „Pina“ auf der Elbe und Nordsee unterwegs. Die dabei entstandenen Reiseskizzen sind Grundlage für Radierungen und Zeichnungen.

Herbert Schieritz

Ringstraße 15
71543 Neuhütten-Wüstenrot
Tel. 07945 / 1387

Windjammer im Sturm

Öl auf Leinwand, 24 x 30 cm

Herbert Schieritz wurde 1954 in Offenburg geboren. Der Autodidakt begann seine künstlerische Tätigkeit mit Landschaftsmalerei. Seit 1986 widmete er sich fast ausschließlich der Marinemalerei.

Ein Gemälde des Zerstörers „Hessen“ befindet sich im Besitz der Marineschule Mürwik.

Die realistische Darstellung der Schiffe und der See in seinen Bildern sind von seiner Leidenschaft für das Maritime geprägt.

Kurt Schmischke

Wellingsbütteler Landstraße 199
22 337 Hamburg
Tel. 040 / 50 39 02

Illustration zu: Seegeschichten Cornwall (P. Willams)

Aquarell mit Feder, 29 x22 cm

Kurt Schmischke, geboren 1923 in Ostpreußen, 1945-1952 Hochschule für Bildende Künste Berlin, ab 1957 in Hamburg. Seither für Buchverlage tätig. Illustrationen für Seefahrtsliteratur. Seit 25 Jahren Mitarbeiter der Segelsportzeitschrift „Yacht". Seit 1957 Hochseesegeln: Ostsee - Nordsee - Mittelmeer - Atlantik. Island-Grönland-Reise mit Fischereischutzboot „Meerkatze" und auf Fischdampfern. 1987 / 88 auf der „Gorch Fock" zwei Etappen der Weltreise.
Ausstellungen u.a.: Altonaer Museum, Schloß Kiel, Amerika-Gedenkbibliothek Berlin, MS Wappen von Hamburg, Schiffahrtsmuseum Flensburg, Museumsschiff „Rickmer Rickmers", in vielen Bücherhallen, Buchhandlungen und Galerien in Hamburg und Schleswig-Holstein.
Buchveröffentlichungen, Illustrationen.

Karlheinz Schrader

Tönsfeldstraße 18
22 763 Hamburg
Tel. 040 / 390 20 01

„Posen" hart am Wind

Öl auf Leinwand, 60 x 90 cm

Karlheinz Schrader wurde am 29. Mai 1925 in Hamburg-Altona geboren. Er ist Autodidakt und hat seit 1954 Ausstellungen in vielen Städten und namhaften Galerien. Seit über 10 Jahren werden seine Werke vom „Gemälde-Kabinett Unger", München, Sylt und Bad Dürkheim, an bedeutende Privatsammlungen verkauft. Seine Arbeiten haben dadurch Liebhaber und Bewunderer in der ganzen Welt gefunden.

Seacraft Classic / Terro-Group B.V.

Gooierserf 171-N

1276 KH Huizen, Niederlande

Tel. +31 35 525 1959, Fax +31 35 526 1369

Modell der Yacht „Gertrude L. Thebaud"

Seacraft Classic aus den USA ist vor ca. 10 Jahren mit der Herstellung von Schiffsmodellen gestartet. Inzwischen ist die Firma eine der tonangebenden Modellschiffsbauer in den Vereinigten Staaten. Hunderte von Modellen werden jährlich angefertigt. Die Abnehmer sind Sammler, Schiffsarchitekten, Schiffseigner oder Werften.

Gebaut werden hochwertige, handgearbeitete, klassische Segelyachtmodelle von berühmten Yachten, wie auch Sonderanfertigungen. Alle entstehen nach den ursprünglichen Zeichnungen und werden bis ins Detail identisch nachgebaut.

Die prachtvoll getakelten Segelyachten sind von Museumsqualität und weltweit verkauft.

Die europäischen Aktivitäten von Seacraft Classic werden von Lausanne (Schweiz) aus geleitet. In den Niederlanden können Sie Seacraft Classic in Huizen finden.

STOCKROSE VERLAG UND KUNSTHANDEL

Ingwersensweg 6, 22587 Hamburg

Tel. 040/86 80 70

Hildegard Hudemann, Δr¯sk¯bing Hafenszene

Aquarell 27 x 43 cm

Hildegard Hudemann, geb. 1914 in Hamburg. Das Interesse und die Liebe zum Zeichnen entdeckte die K¸nstlerin bereits im Alter von 2 Jahren. Ihre zahlreichen in vielen Ausstellungen gezeigten Federzeichnungen und Aquarelle sind gepr‰gt von beeindruckender Leichtigkeit und Lebendigkeit. Als vorerst letztes Werk in der Reihe ihrer Buchillustrationen schuf die vitale Künstlerin 1995 „Ærø".

Peter Storck

Isestraße 35
20 144 Hamburg
Tel. 040 / 46 17 20

In der Flaute

Öl auf Malpappe, 20 x 30 cm

Peter Storck, geboren 1940 in Hamburg. Schiffbauer und Ingenieur.

„STYAG“ JSC Modellbau

191194 Liteiny pr. 24
St. Petersburg
Russia

Fragatte „Berlin“ der Brandenburgischen Flotte
Maßstab: 1 : 50

Die Firma „STYAG“ wurde 1992 in St. Petersburg gegründet. Sie führt die Tradition der russischen Modellbauschule weiter. Die Modelle sind in vielen großen Unternehmen, im Marinemuseum in St. Petersburg, in den Museen in Petershof und Kaliningrad und in mehreren Privatsammlungen zu sehen.

Rainer Ullrich / Art & Work

Kommunikations Design
Alsterberg 18, 22 335 Hamburg
Tel. 040 / 50 33 01, Fax 040 / 59 18 27

Welle

Acryl auf Segeltuch, 200 x 180 cm

Rainer Ullrich, 1941 in Flensburg geboren, Grafik-Designer und Maler, widmet sich dem Element Wasser. Er segelt seinen dänischen Fischkutter „Frieda von Hadersleben“ und kennt das Wasser von Kindesbeinen an.
Großzügig, kraftvoll, voller Dynamik ziehen die Gewalten von Wind und See über das Segeltuch, das als Malgrund dient. Entstanden aus der Scribblearbeit in der Werbung, entwickeln sich jetzt die Motive auf den Segelreisen durch die Ostsee. Aber auch die beschaulichen Szenen von Landschaften und Stilleben kommen auf die Malflächen. Das Material ist abhängig von Stimmungen, mal Acryl auf Leinwand, Öl auf Holz, Aquarell oder Bleistift auf Karton. Projekte, Arbeiten und Ausstellungen in Hamburg, Bremerhaven, Berlin, Flensburg, Gelsenkirchen, Miami / Florida.

Dank

Der Veranstalter dankt folgenden Museen, Privatsammlungen und Institutionen für wertvolle Anregungen und die freundliche Überlassung von Leihgaben:

Marinemuseum, Lissabon
Sammlung: Rainer Daenhardt, Portugal
Nationalpalast von Ajuda, Lissabon
Marineschule, Alfeite, Portugal
Privatsammlung: Manuel da Silva Rodrigues, Portugal
Sammlung: Musikmuseum, Lissabon
Sammlung: Keramikmuseum Caldas da Rainha, Portugal
Sammlung: Azulejomuseum, Lissabon
Werft Blohm & Voss, Hamburg
Wissenschaftliches Institut fnr Schiffahrts- und Marinegeschichte, Hamburg

Herausgeber und Verlag danken allen, die durch ihre finanzielle Unterstützung dazu beigetragen haben, diesen Katalog zu erstellen:

Abeking & Rasmussen, Lemwerder
Reederei Christian F. Ahrenkiel, Hamburg
Allianz Versicherungs-Aktiengesellschaft, Hamburg
Atlantik Hotel Kempinski, Hamburg
Blohm & Voss AG, Hamburg
BMW Niederlassung, Hamburg
British-American Tobacco (Germany) GmbH
Daimler Benz AG, Stuttgart
Reederei Peter Deilmann, Neustadt
Reederei Friedrich A. Detjen, Hamburg
Rolf Deyle GmbH & Co, Holding KG, Stuttgart
Deutsche Bank AG
Deutsche Schiffsbank AG, Hamburg
Deutsche Seereederei - Senator Lines, Bremen
Deutsche Seereederei GmbH, Rostock
Dresdner Bank AG
Gerling Konzern, Hamburg
Hamburger Abendblatt, Hamburg
Hamburger Hafen- und Lagerhaus AG
Hamburgische Landesbank, Hamburg
Hamburg-Südamerikanische Dampfschifffahrtsgesellschaft Eggert & Amsinck, Hamburg
Hanse-Merkur Versicherungsgruppe, Hamburg
Hapag Lloyd AG, Hamburg
Harmstorf Group of Companies, Hamburg
Holsten Brauerei AG, Hamburg
Howaldtswerke Deutsche Werft AG, Kiel
Reederei Ernst Komrowski, Hamburg
Kröger Werft GmbH & Co. KG, Rendsburg
Landhaus Dill, Il Giardino, Marktplatz, Hamburg
Le Canard, Hamburg
Reederei „Nord“ Klaus E. Oldendorff GmbH, Hamburg
Pohl Shipping Schiffahrtsgesellschaft mbH, Hamburg
Rantzau-Gruppe, Hamburg
Reederei Bernhard Schulte, Hamburg
STN Atlas Elektronik, Hamburg
TT - Line, Hamburg
UNION, Deutsche Lebensmittelwerke GmbH, Hamburg
Vereins- und Westbank AG, Hamburg
Warburg Bank, Hamburg
Wünsche AG, Hamburg

Register

Gemälde, Aquarelle

Modelle

Diversa